全世界歷史上第一位創造億萬財富帝國的領航人！
這部作品是全球商業讀物中百年不衰的經典之作！

〔菁英版〕

洛克菲勒
38封信受用一生

約翰·D·洛克菲勒 著

林郁 主編

自題一首

I was early taught to work as well as play,
My life has been one long, happy holiday;
Full of work and full of play,
I dropped the worry on the way,
And God was good to me everyday.

我從小就被教導既要娛樂、也要工作，
我的人生就是一個悠長、愉快的假期；
全力工作、盡情玩樂，
我在旅途上放下了一切憂愁，
而上帝每天都善待著我。

——約翰·D·洛克菲勒（寫於 86 歲）

名人推薦

　　這些信件實在太珍貴了，這可是洛克菲勒家族的至寶。當我閱讀了一頁之後，便無法釋手，內容寫的都是經商的真諦。恍然間，我似乎明白了洛克菲勒家族強大、富有的祕密了。

——艾倫・葛林斯潘（美聯儲前主席）

　　洛克菲勒的創業精神永遠是激勵我們前進的偉大動力，我的許多設想，包括在我的慈善基金裡，都有洛克菲勒的影子。

——比爾・蓋茲（微軟公司創辦人）

　　洛克菲勒給他兒子的信札對我來說意義非凡。我現在在管理上遇到的難題，沒想到他在一個世紀以前就已經輕鬆化解了。

——傑克・威爾許（通用集團史上最年輕的總裁兼CEO）

　　從來沒有一個人能像洛克菲勒那樣，對我的投資人產生如此之大的影響，我坦誠地說，我的投資哲學是建立在洛克菲勒的睿智之上的。

——沃倫・巴菲特（股神——全球著名投資人）

前 言

　　《菁英版‧洛克菲勒 38 封信受用一生》是繼洛克菲勒《寫給兒子的 38 封信》之後，重新編排、增訂而完成的，除了「38 封信」的精彩內容之外，您更可以瞭解到為什麼人說富不過三代，而洛克菲勒家族到今天已富過六代，邁向第七代了。這其中的奧妙在哪呢？《菁英版‧洛克菲勒 38 封信受用一生》將完整提供給您做參考！

　　約翰‧D‧洛克菲勒（1839 年 7 月 8 日～1937 年 5 月 23 日）不僅富可敵國，他的企業王國所控制的範圍，甚至都深入到了美國的政府部門。洛克菲勒的發展歷史，幾乎就是美國歷史、經濟史──的一個縮影。

　　地球上的第一個億萬富翁，世界上最長壽的億萬富翁以及很多關於商業的傳奇故事，洛克菲勒家族所創造出來的奇蹟，簡直不勝枚舉。這到底是什麼樣的一個家族呢？因何他們能持續百年而不衰退呢？

　　但這還不是最令人驚嘆的，即便已經達到了富可敵國的程度，洛克菲勒家族最大的財富是傑出人才輩出的子孫。人人都

說「富不過三代」，而洛克菲勒家族到現在已經輝煌了六代、走入第七代了，真是令人刮目相看。

雖然洛克菲勒有巨額財富，但生活非常儉樸，他時時刻刻都給兒女灌輸勤儉節約的價值觀。洛克菲勒家族有一句名言：「把你所有的錢當做辛苦錢。」洛克菲勒深知財富可以造就人，也可以毀滅人。他時刻給子女灌輸勤儉節約的價值觀。洛克菲勒家族教育子女一直堅持傳統，年輕的時候不接觸家裡的資金，做想做的事情要靠自己賺錢。

可以說對金錢節儉、心存敬畏是洛克菲勒家族興盛百年的重要基石。孩子沒長大前，洛克菲勒從不帶他們去辦公室和家裡擁有的煉油廠，以防孩子知道自己身在豪門。

洛克菲勒教育孩子們通過自己的勞動獲得收入，孩子們從小就靠做家務來掙零花錢，且要認真記帳。所以洛克菲勒家族的孩子從小對金錢都有著極好的觀念，明白錢是用頭腦和雙手辛苦掙來的，要對錢有敬畏，絕不能浪費。

就如洛克菲勒所說，財富是種責任，他們拯救了很多瀕臨破產的企業，創造並積累無數財富，在國家與政府危機中，用他們的財力去幫助國家度過了難關。

在洛克菲勒這種家庭教育的影響下，洛克菲勒家族打破了富不過三代的魔咒，如今已經延續到了第七代。目前依舊是美

國最富有的百年家族。而且，更難能可貴的是，這個家族至今沒有為爭產鬧過矛盾，也沒有悲劇發生，更沒有緋聞傳出。

不得不說，洛克菲勒家族的教育十分成功，洛克菲勒留給孩子的不僅僅是巨大的財富，更重要的是財富觀。

約翰・D・洛克菲勒把對子女的家訓以書信的方式傳遞給了孩子，並且世代傳承。到了二十一世紀的今天，他的 38 封家書被社會人士、菁英份子視為瑰寶廣為流傳，影響之深甚至被譽為「影響世界的家書」。

《38 封信》在這位偉大父親包含無限真情的書信裡，不僅充滿身為一個父親的關懷與教導，更多的是人生的大智慧與成功之道。沒有人能隨便成功，尤其抱怨命運不濟、出身不好、歲月不公的人，不如檢視一下自己的態度和行為，努力學習，自律做好每件小事，為自己改寫命運的篇章以及爭取機會、走向成功。因此，《38 封信》也是創造幸福、改變命運之書。

在欣賞本書之前，我們可以問問自己：我們普通人並沒有那麼多的財富繼承，我們是不是比祖輩，比父輩更進步了呢？我們如何讓孩子站在我們的肩膀上繼續前行？我們每天喊著希望孩子比我們更強更好，但是我們為他們做了什麼呢？更好的經濟條件就夠了嗎？

大家都知道知識在這個時代是最為公平的東西，只要你想獲取，總有各種途徑。作為父母，如果我們把知識先吸收了，再言傳身教給孩子們，這樣的效果將是事半功倍的；如果不能，我們至少可以告訴孩子，路在哪裡，鼓勵孩子勇敢走下去。為了孩子有好的生活，繼續努力。

洛克菲勒《寫給兒子的 38 封信》雖然表面上是私人的親子書信。不過，本書的內容卻遠遠超過親子教育，它幾乎是「洛克菲勒成功學」的經典範例！

本書除了他對孩子的教育與期許，還有他的不傳的商業祕笈以及經營思維。更難得的是對自己人生的經驗侃侃而談，還延伸至「如何經營」、「如何創富」、「如何處世交友」、「如何商業應對」以及身為社會菁英之後的社會責任等等。

因此，這部一百多年來，備受世人讚譽有加的《菁英版‧洛克菲勒 38 封信受用一生》不是一般的教育親子書，而是創造財富帝國的聖經以及人生各種處世智慧的指導祕笈！直至今日，這些文字並沒有因為時光前進而過時，反而驗證了它是千錘百鍊、歷久彌新的傳世之作！

目錄 Contents

第一部

洛克菲勒的城堡

第一篇

法宗理論與地理

第1章
約翰・D・洛克菲勒

約翰・戴維森・洛克菲勒（John Davison Rockefeller，1839 年 7 月 8 日—1937 年 5 月 23 日），美國實業家、慈善家，因革新了石油工業和塑造了慈善事業現代化結構而聞名。1870 年創立標準石油，在全盛期壟斷了全美 90%的石油市場，成為歷史上的第一位億萬富豪與全球首富。1914 年巔峰時，其財富總值達到美國 GDP 的 2.4%（9 億美元，美國 GDP365 億美元），折合今日之 4000 億美元以上，普遍被視為西方世界史上首富。

　　洛克菲勒身型削瘦，沉默寡言，喜怒不形於色。他行事異常低調，極少參與公眾活動，也少對媒體曝光。他終身不煙不酒不賭，生活嚴格自律，甚至對奢侈品有種近乎過度的反感，也對晚輩如此要求。兒子小約翰・洛克菲勒回憶：「我小時候常常在穿姊姊穿過的舊衣服。」

　　他 25 歲結婚後直到去世，再也沒有第二段男女關係。他工作以外的活動主要有二：教會與高爾夫球。他固定在禮拜日上教堂，每日讀聖經。高爾夫球是他長年的最大娛樂，一直到 94 歲左右，他才停止假日打球的習慣。

　　洛克菲勒於 1864 年與蘿拉・斯佩爾曼（1839—1915）結婚。婚後生有四女一子，年齡最小也是唯一的兒子就是著名的小約翰・洛克菲勒（1874—1960）。

洛克菲勒財富檔案

洛克菲勒財團是以洛克菲勒家族的石油壟斷為基礎，通過不斷控制金融機構，把勢力範圍伸向國民經濟各部門的美國最大的壟斷集團。它已超過了摩根財團，躍居美國十大財團的首位。美國最大的石油公司有 16 家，其中有 8 家屬於洛克菲勒財團。洛克菲勒財團擁有一個龐大的金融網，以大通曼哈頓銀行為核心，下有紐約化學銀行、大都會人壽保險公司以及公平人壽保險公司等百餘家金融機構。

通過這些金融機構，直接或間接控制了許多工礦企業，在冶金、化學、橡膠、汽車、食品、航空運輸、電訊事業等各個經濟部門以及軍火工業中占有重要地位。洛克菲勒財團不但在經濟領域裡占統治地位，在政府中也安插了一大批代理人，左右著美國政府的內政外交政策。它還通過洛克菲勒基金會、洛克菲勒兄弟基金會等組織，向教育、科學、衛生以至藝術和社會生活各方面滲透，以擴大其影響。

商業奇才的誕生

1839 年 7 月 8 日，約翰・洛克菲勒出生於紐約州哈德遜

河畔的一個小鎮。祖上是法國南部人，為了逃避政治迫害，才來到新大陸創立自己的事業。到洛克菲勒這一輩，已經是好幾代了。

父親是一個很講求實際的人，他自信，好冒險，善交際，到處拈花惹草，任性而又以自我為中心。他從小就教育孩子們，只有勞動，才能給予報酬，而家裡的任何勞動，都制訂了一套標準。母親是個一言一行都皈依《聖經》指引的虔誠基督教徒，她勤快、節儉、樸實，家教嚴格。

洛克菲勒作為長子，他從父親那裡學會了講求實際的經商之道，又從母親那裡學到了精細、節儉、守信用、一絲不苟的長處，這對他日後的成功產生了莫大的影響。

從小洛克菲勒就表現出自己的商業才能，他有個記帳本，上面詳細的記錄著自己在田裡幹了什麼活，以此來向父親要求報酬。同時，他把這些錢積攢下來，貸給當地的農民，制訂一定的利息，從中賺取費用。還有一次，他在樹林中發現了火雞的窩，就把小雞弄回家中自己飼養，到感恩節的時候，再把雞賣掉，小賺一筆，而這些都得到了父親的讚揚，因為父親認為：「人生只有靠自己，做生意要趁早，只有錢才是最牢靠的。」這種教育方式或許有點偏激，但對年幼的洛克菲勒而言，卻是影響他一生的，「不要隨便相信別人，只有錢才是最

可靠的」對於在逆境中生存的人、在商場上廝殺的人而言,這是不錯的警句。

　　16 歲那年,洛克菲勒決定放棄升大學,到商界謀生。為了尋找工作,他在克利夫蘭的街上跑了幾個星期,拿定主意要找一個大的公司,因為他根本就不想知道小公司是怎麼運作的。9 月 26 日,他在一家經營穀物的商行當上了會計的簿記員。從此,這個日子就成了他個人日曆中的喜慶紀念日,他把它作為第二個生日來慶祝。「就在那兒,我開始了學做生意的生涯,每週工資是 4 美元。」他這樣說。

　　這個年輕的小夥子工作十分認真刻苦,帳簿做得清清楚楚,沒有差錯,這些行徑不禁讓老闆休伊特刮目相看。在公司工作的第三年,洛克菲勒無意中聽到了英國即將發生饑荒的新聞,自作主張大量收購食品,為此老闆極為不滿,但沒過多久,英國真的發生了饑荒,公司的貨物銷往外國,獲得了巨額利潤。一時間,洛克菲勒在當地,成為人們的談論中心,一個 19 歲的小商業天才就這樣誕生了!

戰火中崛起的一代巨擘

　　1858 年,不滿足做個小簿記員的洛克菲勒辭掉工作,認

識了和他有過相同工作經歷的英國人克拉克。洛克菲勒向父親借了 1000 美元，與克拉克合夥成立了「克拉克‧洛克菲勒經紀公司」，把美國西部的穀物肉類出售到歐洲，開始了創業。

洛克菲勒做生意時總是信心十足、雄心勃勃；同時又言而有信，想方設法使自己取信於人。克拉克對洛克菲勒做事仔細十分欣賞，他描述當年的情況說：「他有條不紊到極點，留心細節，不差分毫。如果有一分錢該給我們，他必取來。如果少給客戶一分錢，他也要客戶拿走。」

這時候在美國賓夕法尼亞州已經發現了石油，成千上萬人像當初採金熱潮一樣擁向採油區。一時間，賓夕法尼亞土地上井架林立，原油產量飛速上升。

洛克菲勒並沒有被這一切沖昏頭腦，他冷靜地來到石油產地進行考察。而在盲目開採的現場，他發現了繁榮後面所隱藏的危機。洛克菲勒十分明白「後發制人」的道理，時機還不成熟，等等再說！1861 年，美國南北戰爭爆發，與愁眉苦臉的別人相比，洛克菲勒像是上滿了發條的鐘錶，開始運作了。他迅速辦理了大額貸款，囤積了許多戰時必需的貨物，而當這一切完成之後，戰爭打響了，洛克菲勒賺了大錢。

戰爭帶來的不僅僅是這些，當時鐵路建設風起雲湧，石油需求量大增，洛克菲勒等待已久的機會來了。1863 年，洛克

菲勒在克利夫蘭開設了一個煉油廠，把西部的石油運到紐約等東部地區。在石油工業中，勘探石油等工作被稱為「上游工業」，精製和銷售屬「下游工業」。隨著下游工業的興盛，克利夫蘭出現了 50 多家煉油廠，洛克菲勒決定壟斷「下游」工業，那時他只有 28 歲。

洛克菲勒熱衷於公司間的聯合，為了實現自己壟斷的理想，他聯合了兩位資金雄厚、信譽很好的投資合作者。三年之後，也就是 1870 年 1 月 10 日，創建了一家資本額為 100 萬美元的新公司，它的名字就是「標準石油公司」。身為公司創辦人和總裁的約翰‧洛克菲勒獲得了公司最多的股權，當時他年僅 30 歲。科學的管理、精細的經營、高質量的產品為標準石油公司贏得了聲譽，也具備了堅實的競爭能力。

「石油大王」的壟斷

僅僅在克利夫蘭的壟斷是無法滿足洛克菲勒的。他要的是對整個美國石油的控制，或者說，整個世界的控制。

一次偶然的機會，洛克菲勒在一本公開發行的刊物上發現一篇文章，裡面寫道：「小商人時代結束，大企業時代來臨。」他感到這與自己的壟斷思想不謀而合，就對文章予以高

度評價，並以高達 500 美元的月薪聘請這篇文章的作者多德為法律顧問。

　　多德是個年輕的律師，他「走紅」後，就千方百計為洛克菲勒的公司尋找法律上的漏洞。一天，他在仔細研讀《英國法》中的信託制度時，突然產生出靈感，提出了企業一體化的「托拉斯」這個壟斷組織的概念。

　　所謂「托拉斯」，就是生產同類產品的多家企業，不再各自為政，而以高度聯合的形式組成一個綜合性企業集團。這種形式比起最初的壟斷組織形式「卡特爾」，即那種各自獨立的企業為了掌握市場而在生產和銷售方面結成聯合戰線的方式，其壟斷性要強得多。

　　洛克菲勒在 1882 年 1 月 20 日召開「標準石油公司」的股東大會，組成 9 人的「受托委員會」，掌管所有標準石油公司的股票和附屬公司的股票。洛克菲勒理所當然地成為該委員會的委員長。隨後，受托委員會發行了 70 萬張信托證書，僅洛克菲勒等 4 人就擁有 46 萬多張，占總數的 2／3。就這樣，洛克菲勒如願以償地創建了一個史無前例的聯合事業——托拉斯帝國。在這個托拉斯結構下，洛克菲勒合併了 40 多家廠商，壟斷了全國 80% 的煉油工業和 90% 的油管生意。

　　於是，托拉斯迅速在全美各地、各行業蔓延開來，在很短

時間內，這種壟斷組織形式就占了美國經濟的 90%。很顯然，洛克菲勒成功地造就了美國歷史上一個獨特的時代——壟斷時代。

隨著洛克菲勒「石油帝國」實力的迅速增長，它的觸角也伸展到金融、公用事業和一些工業部門。洛克菲勒依靠龐大的石油帝國和巨大金融的實力做後盾，大大加強了其在美國金融界的地位和影響。

在海外，標準石油公司進一步向西歐和中國擴大海外市場，因為先進的技術，標準公司贏得了歐洲大部分地區的煤油市場。在中國，標準公司為自己開創了一個全新的市場。它分送掉幾百萬盞廉價的油燈，使中國人購買和點燃標準公司的煤油，被人們稱之為「點燃亞洲光明之燈」。

就這樣，標準公司一步一步地把石油市場從歐洲擴展到亞洲，進而擴展到全世界。在占領市場的同時，他利用國外廉價的勞動力，迅速「掠奪」國外豐富的石油資源，取得高額壟斷利潤。在亞非拉地區的石油開採成為了他的財富的主要來源，1935 年，洛克菲勒控制了海內外大約 200 家公司，資產總額達到 66 億美元，他的私人財產也超過了 15 億美元，成了名噪世界的「石油大王」。

激流勇退的退休之路

1896 年，洛克菲勒離開了標準石油公司總部——紐約百老匯路 26 號，搬到了自己的莊園，他退休了！這一年他才 57 歲，正值壯年。為什麼會激流勇退呢？有人說他自覺罪孽深重。洛克菲勒成功的背後，確實有不少同行廠商倒閉、破產，飽受他那弱肉強食的壟斷之苦。也有人說他患了嚴重的消化功能紊亂症。在過去 40 年中，他要錢不要命，以致積勞成疾，不得不退休。到底是因為什麼，恐怕誰也說不清了！

不過在當時，洛克菲勒的名聲卻是不太好，可謂是眾叛親離！由於他的吞併、壟斷，導致許多小業主家破人亡；在賓夕法尼亞州油田地帶的居民身受其害，對他恨之入骨，有的居民做成他的木偶像，然後將那木偶像模擬處以絞刑，以解心頭之恨。無數充滿憎恨和詛咒的威脅信被送進他的辦公室，連他的兄弟也不齒他的行徑，而將兒子的墳墓從洛克菲勒家族的墓園中遷出，說在洛克菲勒支配的土地上，兒子無法安眠！

或許，就是在此刻，他才領悟到，金錢並不能代表一切！他開始學打高爾夫球，去劇院看喜劇，還常常跟鄰居閒聊。他學習過一種與世無爭的平淡生活。他成了「街坊上的約翰」，過著與世無爭、簡單的生活。但洛克菲勒從來沒有停止在商業

上插手，他始終保留著標準石油公司的第一號股票，也從來沒有忘記開創的石油事業。

在 41 年的退休生涯裡，他把主要精力放在慈善事業上。當洛克菲勒開始考慮如何把巨額財產捐給別人，幾乎沒有人接受，說那是骯髒的錢。可是通過他的努力，人們慢慢地相信了他的誠意。密西根湖畔一家學校因資不抵債行將倒閉，他馬上捐出數百萬美元，從而促成了如今的芝加哥大學的誕生；當時的美國沒有醫療研究中心，他捐資 20 萬成立了洛克菲勒醫學研究所。後來這個研究所因為卓越成就獲得了 12 項諾貝爾獎金，比任何同類研究所所獲獎項都多。此外，洛克菲勒還創辦了不少福利事業，幫助黑人。從這以後，人們開始以另一種眼光來看他。

從 19 世紀 90 年代開始，他每年的捐獻都超過 100 萬美元。1913 年，設立了「洛克菲勒基金會」，專門負責捐款工作。他捐款總額達 5 億美元之多！

但對自己和家人，洛克菲勒卻是節儉無比。他不厭其煩地教育孩子們勤儉節約，每當家裡收到包裹，他總是把包裹紙和繩子保存起來，為了讓孩子們學會相互謙讓，只買一輛自行車給 4 個孩子。小約翰長大後不好意思地承認說，自己在 8 歲以前穿的全是裙子，因為他在家裡最小，前面 3 個都是女孩。

慈善事業

　　洛克菲勒退休後致力於慈善事業，主要是教育和醫藥領域。他在 1897 年正式結束對標準石油的直接管理，但保持了大部分的股權。他出資成立洛克菲勒研究所，資助北美醫學研究，包括根除十二指腸寄生蟲和黃熱病，幫助了野口英世的研究，也對抗生素的發現貢獻甚大。另外，他對黑人族群非常關照，並斥巨資提升黑人教育，廣設學校。他也是個虔誠的北浸禮會教友，並且在他的一生中支持了很多教會背景的機構。

　　1884 年，他提供了主要資金給一所在亞特蘭大的黑人女子大學，這就是未來的斯貝爾曼學院。該校最古老的一棟建築，洛克菲勒大廳，以他命名。他也提供了資金給丹尼森大學與其他浸信會大學。

　　1900 年，洛克菲勒提供了 8000 萬美元給芝加哥大學，讓當時浸信會學校成為世界級的頂尖大學。

　　1902 年，他設立的通才教育董事會（General Education Board），宗旨是為了推進美國每一個角落，每一階層的教育，尤其是南方黑人的教育。本機構最重要的影響在於資助了 1910 年「弗萊克斯納報告」計畫（之前由安德魯‧卡內基資助），本計畫的實現對美國醫藥起了革命性的變化。洛克菲勒

也對耶魯大學、哈佛大學、布朗大學、Bryn Mawr、Wellesley、Vassar 提供過資助。

1901 年，他成立了洛克菲勒醫學研究所。該機構後在 1965 年提供大學教育後，改名為洛克菲勒大學。

1909 年，他成立了洛克菲勒衛生委員會，該機構之後根除了鉤蟲病這個長年來危害南方甚大的疾病。

1913 年，他成立了洛克菲勒基金會（The Rockefeller Foundation），繼承並擴大衛生委員會的工作，並在 1915 年將之結束。他對該機構給予約 2 億 5 千萬美元，主要是公共衛生，醫療訓練，與藝術，並活躍至今。

該機構也資助了約翰·霍普金斯大學布隆伯格公共衛生學院，這是在該領域的先驅者，也建立了北京協和醫學院（北京清華大學醫學部），在一次大戰提供救援，並聘請威廉·萊昂·麥肯齊·金（加拿大自由黨政治家，曾任三屆加拿大總理）研究勞資關係，1918 年完成了《工業與人道主義》一書。

洛克菲勒的第四項主要慈善機構蘿拉·斯佩爾曼·洛克菲勒紀念基金會，在 1918 年成立，資助社會科學的研究，之後併入洛克菲勒基金會。

洛克菲勒一生總共捐助了約 5 億 5 千萬美元於慈善事業。

洛克菲勒的思想精華

眾所周知，洛克菲勒是一位偉大的實業家，慈善家，也是一個霸氣十足的商戰梟雄，他是一位有爭議的人類第一位依靠白手起家的「實業家」。這樣的人到底有怎樣獨特的人生觀和經營理念？

一、光明正大賺錢

- 我一直財源滾滾，心如天助，這是因為神知道我會把錢返還給社會的。
- 上帝為我們創造雙腳，是要讓我們靠自己的雙腳走路。
- 給予是健康生活的奧秘……金錢可以用來做壞事，也可以是建設社會生活的一項工具。
- 如果一個人每天醒著的時候把時間全用在為了錢而掙錢上面，我不知道還有比這樣的人更可鄙、更可憐的了。

二、為工作要有建設性的爭吵

- 良好的方案往往不是由互相容忍得來的，而是不斷爭吵的結果。

三、知識＋智慧

- 知識是外在的，是我們對所見事物的認識；智慧則是內

涵的，是我們對無形事物的瞭解；只有二者兼備，你才能成為一個全面發展的人。

四、自信與堅持

· 除非你放棄，否則你就不會被打垮。

· 我總設法把每一樁不幸化為一次機會。

· 每個人都是他自己命運的設計者和建築師。

· 從貧窮通往富裕的道路是暢通的，重要的是你要堅信，我就是我最大的資本。

· 在我眼裡，侮辱一詞的詞義已經轉換，它不再是剝掉我尊嚴的利刃，而是一股強大的動力。

· 一旦確定了目標，就應盡一切可能，努力培養達成目標的充分自信。

· 如果你視工作為一種樂趣，人生就是天堂；如果你視工作為一種義務，人生就是地獄。

· 愛情就像一粒種子，到時它就會成長、開花。我們不知道開的是什麼花，但是，肯定它會開花。

五、勤奮務實

· 凡事都得試試，哪怕希望微乎其微。

· 從最底層幹起，一點一點地獲得成功，我認為這是搞清楚一門生意的基礎的最好途徑。

- 智慧之書的第一章，也是最後一章，是天下沒有白吃的午餐。
- 財富是意外之物，是勤奮工作的副產品。每個目標的達成都來自於勤奮的思考與勤奮的行動，實現財富夢想也依然如此。
- 積累的知識越多，成功的希望就越大。
- 一切事情，你要搞清楚它的來龍去脈，你就得親自去看……盲目下手的人是撈不到好處的。他們都是蠢貨。

六、設計運氣，把握時機。

- 設計運氣，就是設計人生。所以在等待運氣的時候，要知道如何引導運氣。這就是我不靠天賜的運氣活著，但我靠策劃運氣發達。
- 忍耐並非忍氣吞聲、也決非卑躬屈膝，忍耐是一種策略，同時也是一種性格磨練，忍耐它所孕育出的是好勝之心。
- 讓別人打頭陣，瞅準時機給他一個出其不意，後來居上才最明智。
- 想獲勝必須瞭解冒險的價值，而且必須有自己創造運氣的遠見。風險越高，收益越大。
- 要取得今天的成功，就要在教育與努力之外再加上這些

要素──有創造性的、想像力豐富的心靈。

- 全面檢查一次，再決定哪一項計劃最好。
- 首先發現對方的弱點並狠命一擊的人，常常是勝者。

七、做生活的強者

- 與其生活在既不勝利也不失敗的黯淡陰鬱的心情裡，成為既不知歡樂也不知悲傷的懦夫的同類者，倒不如不惜失敗，大膽地向目標挑戰！
- 我需要強有力的人士，哪怕他是我的對手。
- 越是認為自己行，你就會變得越高明，積極的心態會創造成功。
- 任何事情你鑽得深，就引人入勝，就越來越重要。
- 堅強有力的同伴是事業成功的基石。不論哪種行業，你的夥伴既可能把事業推向更高峰，也可能導致集團的分裂。
- 我不知道是不是勇氣。一個人往往進入只有一件事可做的局面，並無供選擇的餘地。他想逃，可是無路可逃。因此他只有順著眼前唯一的道路朝前走，而人們稱它為勇氣。
- 當紅色的薔薇含苞欲放的時候，只有剪除周圍的別枝繁葉，才可以在日後一枝獨秀，放出嫵媚豔麗的花朵。

八、循序漸進、穩扎穩打

- 凡事都需要看得遠一點，你在邁出第一步的時候，心中必須裝著第二步——這幾乎是我一生的經驗。
- 裝傻是一門學問。
- 做事不搶時間，不求多，穩穩噹噹地做，就能做許多事情，這有多好！
- 沒有一桿完成的高爾夫比賽，你需要一桿一桿地打下去，你每打出一桿的目的，就是離球洞越近越好，直到把球打進。

評價

洛克菲勒的事業先是一段漫長而充滿爭議的商業歷程，之後是一段漫長的慈善歷程，他在人們心中的形象非常複雜。他過去的競爭者中，許多被逼向破產，但也有許多將資產賣給他而獲得可觀的利潤（或取得標準石油的股份），甚至有些人因此而成為富豪。

傳記家艾倫・尼文斯，曾對洛克菲勒的反對者如此回答他的結論：

　　「洛克菲勒的巨大財富不是從別人的貧困得來的。
他不是像隕石那樣的破壞一切而前進，而是經過四分之
一個世紀的大膽冒險，在一個許多資產家都不敢踏入的
新興危險領域中冒險。他也有努力的員工，更有由過去
美國工業家們更為睿智而有遠見的計劃。1894年，石油
的商機並不比鋼鐵，銀行，或鐵路來得多。這位巨人聚
集他的財富，又顧到別人的利益，這是最挑戰我們傳統
認知的地方。我們有很多的證據顯示，洛克菲勒一向會
給競爭對手合理的補償，可能是現金，可能是股票，再
逼他們退出。一個公正的歷史學家，應該認為洛克菲勒
比卡內基對競爭者更為仁慈。我們可以得到這個結論：
『他的財富和其他同時代的巨富們相比，是最不骯髒
的。』」

傳記家 Ron Chernow 這樣形容洛克菲勒：

　　「他最讓我們思考的原因——以及他為何永遠引起
世人如此矛盾反應的原因——就是他好的一面實在好到
不能再好，但壞的一面，很壞。歷史上很少出現這樣的
人物。」

洛克菲勒的財富在整個二十世紀，依然對他的後輩在慈善、商業，以及政治方面起了許多幫助。孫子大衛・洛克菲勒是美國大銀行家，在美國大通銀行（現在摩根大通的一部份）擔任超過 20 年的 CEO。另一孫子，納爾遜・洛克菲勒，是共和黨紐約州州長與 41 任美國副總統。第三個孫子，溫思羅普・洛克菲勒，是共和黨阿肯色州州長。曾孫傑伊・洛克菲勒是民主黨西維吉尼亞州參議員，也是該州前州長。另一曾孫溫思羅普・保羅・洛克菲勒，擔任 10 年阿肯色州副州長。

　　可以說當年《38 封信》的主角小約翰，不但成功地繼承了父親約翰・洛克菲勒的精神與抱負，並且將商業與政治完美的結合在一起──青出於藍。

第2章
洛克菲勒家庭富過六代，
走向第七代的傳奇

01
兩個目標

　　洛克菲勒從小有兩個人生目標：

　　一是賺 10 萬元，二是活到 100 歲。

　　第一個小目標順風順水，想賺 10 萬，結果確賺了 10 億。

　　洛克菲勒 16 歲做記帳員，19 歲借錢開公司，23 歲合夥開煉油廠，39 歲壟斷全美 80%的煉油工業和 90%的油管生意，成為了美國第一位億萬富翁。

　　第二個目標則是遭遇危機，53 歲時病倒，甚至差點因區區 150 美元而病死。

　　因為過分吝嗇，53 歲時，洛克菲勒得了一種怪病，頭髮和眉毛都掉光了，肉體和精神力量都出現了嚴重問題，甚至看起來像個木乃伊。

　　雪上加霜的是，已經身價斐然的洛克菲勒僅僅為了一次貨物運輸成功躲過暴風雨，而白白多浪費 150 美元的保費便大受刺激，鬱卒到瀕臨死亡的邊緣。

　　醫生見狀不得不對他下最後通知：

　　「你之所以生病，是因為你每天過分緊張，過分貪婪，長此以往，你的命恐撐不了多久矣。」

　　生死時刻，洛克菲勒猛然醒悟。他清醒地意識到自己的財產在飛速增長，必須把它散得比積得快，要不然，遲早它會把自己與兒女們壓垮。

　　他當即做出一個決定，放下賺錢，立即退休！

　　洛克菲勒將下半生的精力全放在兩樣東西上──大量散財與家教，洛克菲勒在晚年終於得到了用錢買不來的平靜，快樂和高壽。雖然他在 53 歲時經歷「鬼門關」，但最終得以在 98 歲高齡辭世。

　　而他的精神生命，一直延續至今。

02
散財：財散人聚

「財富都屬於上帝，我們只是財富的管家」

洛克菲勒回顧自己一生，他認為自己確實犯下了很多過錯

和罪孽，因此他決定拿出自巨額資產，回饋社會。

洛克菲勒在寫給兒子的信中說道：在我眼裡金錢像糞土一樣，假如你把他散出去，就能夠做很多的事；要是把它藏起來，它就會變得臭不可聞。

一生資產 10 億，他在後半生共捐款 5 億 5 千萬美元用於慈善事業，相當於今天的近兩千多億。

授人以魚不如授人以漁，洛克菲勒將賺得的錢捐獻到教育、醫療、科技等行業，大大推動了這些行業的進步。

雖然沒上過大學，洛克菲勒卻對教育情有獨鍾，他認為成功是由一個人的思想所決定的，思想的大小決定了成就的大小。洛克菲勒投資創建了美國芝加哥大學，他認為這是他一生最明智的投資。

他還捐建了洛克菲勒醫學研究所，也就是現在哈佛大學公共衛生管理學院的前身。在洛克菲勒的捐助下，世界醫療事業取得了巨大的突破，其中盤尼西林更是拯救了數以億計病人的生命。

北京協和醫院，也是當初洛克菲勒出資建造的。北京協和醫學院培養出林巧稚、吳階平、諸福堂等一批頂尖名醫，為中國現代醫學發展打下了基礎。

洛克菲勒家族的基金還在中國捐助了包括燕京大學在內的

13 所綜合性大學，北京周口店猿人遺址的發掘和科考、清華大學生物系的創建等等，也曾得到過洛克菲勒基金的捐贈。

　　洛克菲勒於 1882 年建立了世界上第一個家族辦公室，代號「5600 房間」，被譽為整個家族運行的中樞，如今已經傳承到第六代繼承人手中。一個重要的職能就是設立家族基金，進行慈善捐贈。

　　更重要的是，洛克菲勒留下的富足精神與慈善哲學影響了很多富豪，如比爾‧蓋茲和沃倫‧巴菲特發起的「捐獻誓言」慈善計畫，兩人倡導全球富豪在生前或死後，捐出至少一半以上的身家。

　　比爾‧蓋茲說洛克菲勒是他心目中的唯一的賺錢英雄，不是因為洛克菲勒的賺錢天賦，而是向其財富觀散發出來人性光輝致敬！

03
家風：無形資產

　　家風才是一個家庭真正的固定資產，家風也是一整個大家

族的靈魂所在與傳承根本。

洛克菲勒的真正厲害之處，並不是給子孫後代留下多少有形的財產，而是刻意培植子孫的財富基因，在他們神經與血液裡種下世代枝幹繁茂的生機種子。

洛克菲勒深信：富裕人家「恰當地培養兒女」，比尋常百姓家還要艱雄。他有意識地從小培養自己孩子的誠信、避免貪心、堅持不懈、不過分看重金錢、樂於奉獻等為人處世的原則，讓他們不至於在金錢面前迷失自己的本性。

洛克菲勒不僅是一個成功的商人，而且還是一個稱職的父親，他在孩子們還小的時候，就不斷通過寫信的方式告訴他們一個道理：決定一生幸福的從來都不是金錢，而是完整的人格、強大的內心、精神上的富足和良好的生活習性。

為了培養孩子養成節儉的習慣，洛克菲勒以身作則，從不亂花一分錢。孩子們被要求「一定要記錄自己得到的每一筆錢，包括支出，和用途。」

洛克菲勒不厭其煩地教育孩子們勤儉節約，每當家裡收到包裹，他總是把包裹紙和繩子保存起來，以便重覆利用。為了讓4個孩子們學會相互謙讓，老約翰只給他們買一輛自行車。

唯一的兒子小約翰在8歲之前穿的全是裙子，小約翰解釋說：「因為我在家裡最小，前面3個都是姐姐。」

　　洛克菲勒告訴孩子們不要隨意花錢，而要把錢花在有益的地方：要關心他人，使自己的投資為他人帶來福利。

　　在現實生活中，洛克菲勒教育孩子們學會給予，鼓勵孩子們從小拿出自己收入的 10% 作為公益慈善金捐出，這個優良傳統後來成為家族的價值觀被傳承下來。

　　洛克菲勒在給兒子的信中這樣寫到：

　　　　約翰，我們是有錢，但在任何時候，我們都不該肆意花錢，我們的錢只用在給人類創造價值的地方，而絕不能給任何有私心的人一點點好處。

　　常言道，一代創、二代富、三代衰、四代敗，但是這個偉大的家族卻富到了六代，走上第七代。不僅家族人丁興旺，而且人才輩出，先後培養出美國副總統、州長、參議員、風險投資業開創者、金融巨頭、工商業領袖等行業精英。

　　對洛克菲勒來說，一生最滿意的身份，不是一個坐擁億萬資產的富翁，而是一個教子有方的父親！

04
心法：吸引財富

「如果把我剝得一文不名丟在沙漠的中央，只要一行駱駝商隊經過，我就可以重建整個王朝。」

這就是洛克菲勒式的自信，他對自己的賺錢能力毫不懷疑，因為他已經體悟到賺錢的精髓與秘密：財富是吸引來的。

洛克菲勒的賺錢心法散落在他寫給自己兒子的一系列家書中，反覆閱讀《洛克菲勒寫給兒子的 38 封信》，你就會從中發現洛克菲勒一生所堅守的 5 個財富吸引力法則。

第一：設定自己

你是你認為的你，你把自己放到什麼位置上，就可能呈現什麼樣的精彩人生。高看自己不一定使你登上成功的巔峰，輕視自己則一定會掉入失敗的泥潭。

洛克菲勒從小就把自己設定為「重要人物」，儘管沒錢沒學歷，卻並不妨礙他，他後來回憶道：「我上鐵路公司、上銀行、上批發商那兒去找工作，小舖小店我是不去的。我可是要

幹大事的。」

第二：信念至上

　　人的一生，信念比能力更重要。當你真正地相信某一件事確實可以做到，大腦就會幫你找出各種做到的方法，從而無堅不摧。當你強烈地在意識中相信，並持續不斷的，你想要的東西往往會主動靠近你。

　　洛克菲勒 19 歲和安德魯斯合辦石油公司之初，每晚臨睡前都會告訴反覆暗示自己：「我要成為克利夫蘭最大的煉油商。」洛克菲勒堅信自己對金錢的理解，堅信自己成為富人的信念，而這個信念又給予他無比的鬥志去追逐財富。

第三：目標為王

　　萬事萬物皆能量，規劃目標的過程就是吸引、實現目標的過程。厲害人物與普通人之間的差距，不是出身與能力，而是對目標的把握，他們對未來對自己有著清晰明確的布局與規劃，這可以指導他們克服重重困難。

　　在洛克菲勒看來，目標是激發我們潛能的關鍵，它擁有主

導一切的力量。明確而堅定的目標，更能讓我們專注於所選擇的方向，並奮力前進。而在目標這個問題上，兩個因素至關重要，一是目標要公開，倒逼自己的潛能，二是目標要足夠細化，越具體形象越好。

第四：身心和諧

人活著不只是為了生活，還要活為價值，活為意義，活出生命感。身體需要營養，精神也必須定期充實、潔淨，只有身心和諧不較勁，才能形成強大的人生氣場。

那些似是好運當頭的人，你會發現並不是運氣使然，而是積極快樂的思想為他們帶來美景。洛克菲勒告訴兒子在投身工作之餘，不要不忘每天的精神糧食。要用經典的書籍與前人的能量充實頸部以上的部分，這樣「就永遠不愁填飽頸部以下的部分，甚至不必憂愁老年的財務問題。」

第五：感恩回饋

內在的富足才是真正的富足。生命終將逝去，財富終將散盡，唯有一個人對社會無私的付出，浩然長存。

　　洛克菲勒教導後代儉以養德，在生活上，低調樸素，在饋贈財富、回饋人類社會上從不節省。而也正是洛克菲勒家族的這種精神，讓家族的物質精神財富生生不息——散財即聚財！

　　思路決定出路，意識改變命運，這也正是洛克菲勒真正的智慧所在。

05
傳承：精神生命

　　人生最大的富足，不是賺取了多大的財富，而是多大程度上實現了精神生命的延續。

　　洛克菲勒的更多思想，散見於他對兒子小約翰・洛克菲勒的家書——《洛克菲勒寫給兒子的 38 封信》中。短短 38 封家書，卻蘊含著洛克菲勒家族百餘年的人生哲學和財富密碼。

　　這本書的內容，一直被洛克菲勒作為「人生秘笈」，只允許在家族內部流傳。畢竟這裡面凝聚了他一生的經商經驗和處世智慧，有很強的可操作性，拿來就能用。所以一經出版，就被世人熱烈追逐，奉為圭臬。

這本書也被稱為「世界上最高級的家書」，正如艾倫‧格林斯潘所說：「比洛克菲勒家族富可敵國的全部財富還要寶貴。」而李嘉誠更是將這本書做為放在枕邊的家教聖經。

　　比爾‧蓋茲把他作為偶像標榜：「我心目中的賺錢英雄只有一個名字，那就是洛克菲勒。」

　　巴菲特也認為：「從來沒有一個人能像洛克菲勒那樣，對我的投資人生產生如此大的影響。」

第3章
洛克菲勒教導孩子
的金錢觀

美國石油大王洛克菲勒，是世界上第一個擁有 10 億美元財產的大富翁，可謂是腰纏萬貫的印鈔機，但給子女的零用錢卻少得可憐。

洛克菲勒共有 5 個兒女，當他們 7 歲的時候，他就開始向他們灌輸如何對待「金錢」的觀念。

他給每個孩子建立了一個小「帳本」，上面印有「7—8 歲每週 30 美分；11—12 歲每週 1 美元；12 歲以上每週 3 美元」的字樣。

原來，富可敵國的洛克菲勒家的孩子，不是想怎麼花錢就怎麼花，而是按年齡大小發放，一美分也不會多發。

他家的零花錢是每週發放一次，洛克菲勒要求子女們把每筆開支用途都在「帳本」上寫清楚，待下次領錢時交給他看，而洛克菲勒也會一一檢查。

對帳目清楚、用途正當者，下週增發 5 分，反之則減。

這使孩子們從小就學會了精打細算和當家理財的本領。

洛克菲勒家族儘管富甲天下，門第顯赫，卻從不在金錢上放任孩子，這種做法無論西方還是東方，都是可取的。

他們認為，富裕家庭的子女比普通人家的子女更容易受物質的誘惑。

所以他們對後代的要求比尋常人家反而更加嚴格，並通過

這種辦法，使孩子從小養成不亂花錢的習慣，學會精打細算、當家理財的本領，以使家族財富及精神持守傳承下去。

從洛克菲勒家族的對兒女零花錢家訓中，至少可以獲得以下幾個啟示。

一、不管是窮是富，讓孩子自己去掙零花錢

洛克菲勒家族無論是在貧窮還是在富貴的時候，都讓孩子自己去掙零花錢。

從老洛克菲勒開始，他們就是這樣訓練自己的後代的。

洛克菲勒從小家教很嚴，靠給父親做「雇工」掙零花錢。

他清晨便到田裡幹農活，有時幫母親擠牛奶。

他有一個專用於記帳的小本子，把自己的工作量化後，按每小時 0.37 美元記入帳本，爾後與父親結算。

這個家訓也傳到了洛克菲勒手裡。

洛克菲勒的孩子們只能得到家裡所給的少量的零花錢，但可以通過做家務事再得報酬，補貼各自的零用。

為此，洛克菲勒讓妻子蘿拉‧斯佩爾曼做總管，要求孩子們認真記帳。

例如打蒼蠅可得 2 美分，削鉛筆是 10 美分，練習樂器 1

小時是 5 美分，修好花瓶可以得到 1 美元。

　　一天不吃糖果可以獎勵 2 美分，第二天還不吃則獎勵 10 美分。

　　他們在花園的不同地塊裡幹活，拔出 10 根雜草可以掙到 1 美分。小約翰劈柴的報酬是每小時 15 美分，每天打掃院子裡的小路可以得到 10 美分。

　　後來當上了副總統的二兒子納爾遜 9 歲、興辦新工業的三兒子勞倫斯 7 歲時，為掙得更多的零花錢，還主動要求合夥承包給全家人擦鞋。

　　他們清晨 6 點起床開始幹活，每雙皮鞋 5 分錢，每雙長筒靴 1 角錢。當他們十多歲的時候，還合夥養兔子賣給醫學研究所，賺了不少外快。

　　後來，孩子們又找到一個掙錢的活，他們開墾了一個菜園，種了西葫蘆、南瓜等，豐收的時候，他們個個興奮極了。

　　父親按市場價格買了四兒子溫斯洛浦的黃瓜。其他孩子則把他們的產品裝在車上，載到市場上去賣。

　　孩子們為了獲得更多的零花錢（其實是為了賺錢），而被激發出更大的熱情和積極性。

　　洛克菲勒曾指著 13 歲的女兒對別人高興地說：「這個小姑娘已經開始掙錢了，你根本想像不到她是怎麼掙的。我聽說

煤氣只要將燈蕊調細（小）一些，費用就可以降下來，便告訴她，每月從目前的帳單上節約下來的錢都歸她。於是，她每天晚上四處轉悠，看到沒有人在用的煤氣燈，就去把它關小一點兒。」

洛克菲勒家族富可敵國，如此苛責孩子，讓孩子自己掙零花錢，其主要目的是要最大限度培養孩子的獨立精神。

孩子懂得錢來之不易，有勞才有獲，才會愛惜金錢，學會節約用錢，計畫開支，不鋪張浪費，視勤勞為美德。

正如小洛克菲勒說的：「我要讓他們（孩子）懂得金錢的價值，不要糟蹋它。」

二、給孩子錢要有節制

在洛克菲勒家族中，孩子從小就不准亂花錢。

在學校讀書時，他們一律在學校住宿，大學畢業後，都是自己找工作，直到他們在社會上鍛煉到能夠經得起風浪以後，上一輩才把家產交給他們。

從洛克菲勒家訓中引申出來的美式做法是：「盡可能藏起一半的愛」。

洛克菲勒惜金如命，16 歲就花一毛錢買了個紅色小本

子，記下每一筆收入和開支，一生都把帳本視為自己最珍貴的紀念物，這本帳簿一直被安放在保險箱中，並作為傳家之寶讓後代傳承下去。

為此，洛克菲勒除了要求孩子的零花錢要記帳外，還經常告訴孩子們要學會過有節制的生活。為此，他給孩子的零花錢，幾乎達到了吝嗇的程度。

洛克菲勒的孫子大衛・洛克菲勒是美國傑出的銀行家，他提到 7 歲那年，父親把他叫到房間說：「我打算每週給你 3 角的零用錢，不過我有一個小小的要求，請你準備一個本子，在上面記下每筆錢的用途」。

洛克菲勒還在廚房裡擺放了 6 個杯子，杯壁上寫著每個孩子的姓名，杯子裡面裝的則是孩子們一週用的方塊糖。

如果哪個孩子過多地貪吃了杯子裡的糖，那麼等到別人喝咖啡放方塊糖的時候，他則只有喝苦咖啡了。想要得到糖，那就只有等到下週父母再次發放。

經過幾次這樣的訓練，孩子們都知道了有節制的生活是有好處的，而隨便消費自己的東西，消費完了等待著的就只有苦味了。

洛克菲勒家族節制孩子的零花錢，並且要求孩子記帳，他這樣做與錢的多少沒有關係，也不是為了省錢，而是要刻意培

養孩子的節制精神。

其價值目標是：讓孩子為了根本、長遠的利益，而克制個人一些暫時的欲望。如果你屈服於眼前的誘惑，那麼你將一事無成。實際上這對任何一個人來說，都是極其重要的品質。

三、控制零用錢的用途

老洛克菲勒雖然沒有給兒子留下大筆財富，但卻教會了兒子如何用自己的錢去換取更大的利潤，讓兒子明白了金錢的最大用途。

這讓洛克菲勒一生受益無窮。每當洛克菲勒談起這件事，都充滿了感激之情。

老洛克菲勒每週都要給他兒子一塊錢零用，同時要求每週在領取另外一塊錢的時候，必須告訴他這一週的錢花在何處。

一次「洛克菲勒」告訴父親，自己的一塊錢借給了朋友，這惹得父親勃然大怒，大聲訓斥起來。

當洛克菲勒告訴父親：這個朋友在下週將還給自己 1.2 美元時，結果卻得到父親的褒獎。

就這樣經過一年的努力，洛克菲勒居然發現自己已經有了 200 美元的存款，竟然可以隨心所欲地買自己喜歡的玩具了。

可以說，這是洛克菲勒成為大富豪的一個起點。

後來，隨著孩子的年齡增大，老洛克菲勒一個禮拜給孩子零花錢 3 美元。

他告訴兒子第 1 美元你想怎麼用就怎麼用。

第 2 個美元存起來，以備不時之需。你總會碰到如生病等無妄之災，總要有一個儲蓄的概念。

第 3 個美元幫助別人，你看誰需要幫助，你就應該幫助別人，他就是這樣教育子女的。

這樣，小小的零花錢，在洛克菲勒心目中，無形中增添了一種道義的意義。

後來，他能成為美國歷史上最大的慈善家，應該說，與老洛克菲勒第 3 個美元所限制的積極用途有一定的聯繫。

他一生直接捐獻了 5.3 億美元，他的整個家族的慈善機構贊助超過了 10 億美元。他節儉成性，但也大方得出奇。

四、端正對孩子的愛

洛克菲勒家族流傳著這樣一個故事。

有一天，老洛克菲勒把兒子抱上一張矮桌，鼓勵他跳下來，孩子以為跳下來就有爸爸的保護，誰知他往下跳的時候，

父親卻走開了，他摔得很重，在地上哇哇大哭起來。

這時老洛克菲勒嚴肅地對兒子說：「孩子，不要哭了，以後要記住，凡事靠自己，不要指望別人，有時候連爸爸也是靠不住的。」

老洛克菲勒是一位偉大的父親，他愛孩子，也善於教育孩子，從他的行為可以看出，他希望孩子養成自立成長的性格。

當孩子跳下摔跤的那一刻，是很失望的，連父親都不能相信，還能相信這個世界嗎？

但回味父親的話後，卻又豁然開朗，意識到父愛如山。

因為父親是要培養一個勇敢的孩子，一個有著獨立能力的孩子，防止旺盛家族裡培養出懦弱無能的敗家子。

後來，這個往下跳的小洛克菲勒成家後，也一直保持著這樣一種家風。

他有一輛漂亮的勞斯萊斯小汽車，每逢節假日，他常常帶上全家人外出遊玩，其樂融融。

可是，每天上班，小洛克菲勒總是一人駕車獨往，絕不讓10歲的兒子順道搭車上學。

有一天，兒子的氣管炎犯了，走路有點困難，他央求爸爸送他一程，但父親卻堅決拒絕他。

兒子只好背著書包，沿著大街慢慢地向學校走去。

當走到一個十字路口準備過天橋時，他看到父親正在天橋下等他。

父親見了兒子，什麼也沒說，只是掏出手絹擦去兒子臉上的淚痕。然後，他接過孩子手中的書包，緩緩地踏上一級級臺階。

這個伴隨明確獎勵措施的家規，傳授給了孩子金錢及做人的意義。

同時，在這些家教的激勵下，孩子學會了節制和控制自己的欲望：為了一個目標而自律。

更重要的是：要為有價值的事情而奮鬥。

伊莎朵拉・鄧肯曾有一段很精彩的話，似乎為洛克菲勒的家訓做了很好的註腳。

「我每次聽到別人談論，多賺些錢留給子孫，總覺得他們這種做法，奪去了兒女種種冒險生活的樂趣。他們多留下一塊錢，便使兒女多一分軟弱。最寶貴的遺產，是要兒女能自己開闢生活，能自己立足。」

第4章
洛克菲勒的家訓
價值連城

家族財富傳承的本質是精神傳承

幾千年來，無數「富不過三代」的事例充分證明了一個道理：真正的財富傳承，要傳承的並不只是金錢，而更多的是家族精神與家族文化。造成家族財富傳承困難的根本原因還是在人，只有提高財富繼承人的能力才能從根源上解決現有的財富傳承的各類問題。子孫後代是否承繼了家族精神與價值觀，是否以家族文化作為自己行為的準則，人丁興旺、團結和睦，推動家族基業長青，才是家族財富長久延續的基石。

邁向二十一世紀之後，愈來愈多的超高淨值家族開始意識到精神財富傳承的重要性，開始站在家族治理的新高度全盤思考物質財富、家族企業和精神財富的傳承。數據顯示，越來越多的創富人群認為，避險、財富增值並不是其終極目的，發揚並傳承家族文化、讓家業永續才是其終極目標。家族文化是家族精神財富傳承的重要組成部分，家族應該注重家族文化的建設，包括傳承家族價值觀、維護家族榮譽等方面，從而增強家族凝聚力和傳承力。

洛克菲勒的家訓，條條精闢入理

　　洛克菲勒，地球上第一個億萬富翁，這個連比爾‧蓋茲都默默學習的賺錢英雄，他不僅賺錢有道，而且教子有方。他知道，能帶給孩子一生幸福的不是金錢，而是完整的人格、強大的內心、精神上的富足和良好的生活習性。歷經 100 多年，綿延了六代的洛克菲勒家族，依然是這個世界上最富有的家族之一。洛克菲勒的子孫，之所以能將家族的輝煌與成功延續至今，和他們自小受到的家庭教育是分不開的。洛克菲勒的家訓條條精闢，都是他人生智慧的總結，讓人讀後醍醐灌頂，受益匪淺，對於今天家族精神財富傳承仍具有重要的借鑑意義。

一、保持必要的屈從與忍耐是一條屢試不爽的成功策略

　　在任何時候衝動都是我們最大的敵人。如果忍耐能化解不該發生的衝突，這樣的忍耐永遠是值得的。忍耐並非忍氣吞聲、也絕非卑躬屈膝，忍耐是一種策略，同時也是一種性格磨練，它所孕育出的是好勝之心。能忍人所不能忍之忤，才能為人所不能為之事。對於一個胸懷大志的人而言，保持必要的屈

從與忍耐，恰恰是一條屢試不爽的成功策略。

在這個世界上要我們忍耐的人和事太多太多，而引誘我們感情用事的人和事也太多太多。所以，你要修煉自己管理情緒和控制感情的能力，要注意在做決策時不要受感情左右，而是完全根據需要來做決定，要永遠知道自己想要什麼。要天天把忍耐帶在身上，它會給你帶來快樂、機會和成功。

二、從年輕時開始，我就拒絕和兩種人交往。第1種人，是那些完全投降和安於現狀的人；第2種人，是不能將挑戰進行到底的人。

明智的人絕不會為命運坐下來哀號，更不會讓消極佔據了自己的內心，放棄努力，自暴自棄。有了獲得成功的能力和思維，還要有能促進成功的環境，交往的人就顯得尤其重要。我們要重視自己身邊的環境，讓環境幫助自己成功的方法是：多接近積極的人，少同消極的人來往。

在人生中，我們需要保持積極進取的態度，不斷挑戰自己，克服困難，實現自己的價值。同時，我們也需要遠離那些消極、安於現狀、做事半途而廢的人，避免被他們的消極情緒所影響。因為只有與那些積極向上、有進取心、勇於面對挑戰

的人為伍，才能激發我們的鬥志，讓我們更加努力地追求自己
的目標，堅定自己的信念。

三、世界上沒有一樣東西可取代毅力。才幹也不可以，懷才不遇者比比皆是，一事無成的天才很普遍，教育也不可以，世界上充滿了學而無用的人。只有毅力和決心無往不利。

　　毅力，是通往成功的必經之路，它比才幹、教育更加重
要。毅力是一種強大的力量，它可以幫助我們克服困難和挫
折，讓我們在逆境中堅定信念、勇往直前。只有擁有毅力，我
們才能擁有積極樂觀的人生態度，並演變成一種強大的精神力
量，不斷地追求目標、超越自我，最終實現自己的價值，愛迪
生憑藉頑強的毅力，經過了上萬次實驗，成功發明了電燈，談
到自己的發明過程時他說道：我並沒有失敗過一萬次，而是發
現了一萬種行不通的方法。這是何等樂觀積極的人生態度，背
後又有著何等強大的毅力作為支撐。

四、成功的最終決定因素是思想的大小，而絕對不是一個人的身高、體重、家庭背景和學歷等條件。在這

個世界上，貧窮和富裕都不會有遺傳性，只有奮鬥
才能最終取得成功。

洛克菲勒告訴我們，貧窮和富裕都不是決定成功的因素，
而思想的大小、格局的高低才是成功的最終決定因素。窮人和
富人在財富量級上之所以能有如此大的差距，最大的原因就是
在思想層面上的差距，在認知層面上的差別。而指導思想上有
了提升，才能更好的指導行為，正所謂知行合一。只有通過自
己不斷的努力和奮鬥，才能實現夢想，成為自己。

五、熱愛工作是一種信念。如果你視工作為一種樂趣，
　　人生就是天堂；如果你視工作為一種義務，人生就
　　是地獄。收入只是你工作的副產品，做好你該做的
　　事，出色完成你該完成的工作，理想的薪金必然會
　　來。更為重要的是，我們勞苦的最高報酬，不在於
　　我們所獲得的，而在於我們會因此成為什麼。

仔細觀察你身邊事業成功的人，無一列外都非常熱愛自己
的工作，他們不認為工作是一種任務，相反的是，他們認為工
作很有意思。只有熱愛自己的工作，才能把更多的時間和精力

投入工作中，並保持極大的熱情，日復一日，必然會成為自己所在的領域中的佼佼者。稻盛和夫也說過：「想要擁有一個充實的人生，你只有兩種選擇：一種是『從事自己喜歡幹的工作』，另一種是『讓自己喜歡上工作』」。勞動不僅會帶來收入，還會帶來更多的回報，比如成長、經驗和成就等。在現代社會中，很多人將工作和薪水作為工作的唯一目標，但這樣就低估了工作的價值，因為工作甚至會逐漸讓我們成為自己，這種收益不僅是物質上的，更是精神上的。

六、信心的大小和成就的大小成正比。無論是要贏得財富，還是要贏得人生，優秀的人在競技中想的不是輸了我會怎樣，而是要成為勝利者我應該做什麼。

心有多大，舞臺就有多大。自信心對於個人的成長和發展有著重要的影響，它可以幫助人們克服困難、達成目標。現實生活中，我們經常會遇到各種機遇和挑戰，這時候，如果我們過於保守、缺乏信心，就可能與成功失之交臂。洛克菲勒提醒我們，信心是成功的關鍵。只有對自己充滿信心，才能夠克服困難，迎接挑戰，取得更大的成就。要時刻提醒自己，你比想像中的還要優秀，你就真的會越來越優秀。

七、不靠運氣活著，但靠策劃發達。好的計畫會左右運氣，甚至在任何情況下，都能影響所謂的運氣。

　　做成一件事雖然有時會有運氣的成分，但絕不能事事都抱有碰運氣的僥倖心理，而應該腳踏實地，積極制定策略和行動計畫，並通過實際行動來達成目標。

　　不管是混職場，還是做生意，都是這樣，很多看似運氣不好造成的壞事，其實也許只是我們在某些方面沒有做好規劃。任何時候，都要重視計畫的力量，好的計畫是成功的一半，加上切實的落地執行，結果往往都不會差。認真規劃一切，你會發現你的運氣越來越好，命運掌握在你手中，這也是洛克菲勒想告訴我們的原因。

　　延伸開來，平時我們就要努力提升自己的能力、不斷積累經驗，做一個有準備的人，當機會來臨時才有能力抓住機會，取得成功。那時候你會發現，機會也變得多了起來。正所謂越努力，越幸運。

第5章
洛克菲勒給子女的
一生忠告

001

洛克菲勒的創業史在美國早期富豪中頗具代表性：

異常冷靜、精明、富有遠見，憑藉獨有的魅力和手段，一步步建立起龐大的商業王國。

002

洛克菲勒說：「如果把我剝得一文不名丟在沙漠的中央，只要一行駱駝商隊經過我就可以重建整個王朝。」

003

世界上只有兩種人頭腦聰明。

一種是活用自己的聰明人，例如藝術家、學者、演員；

另一種是活用別人的聰明人，例如經營者、領導者。

後一種人需要一種特殊的能力——抓住人心的能力。

004

自作聰明的人是傻瓜，懂得裝傻的人才是真聰明。

005

我們思想的大小，決定我們成就的大小。

我們要看重自己，克服人類最大的弱點——自貶，千萬不要廉價出賣自己。要將你們的思想擴大到你們真實的程度，絕不要看輕自己。

006

你怎麼思想將會決定你怎麼行動，你怎麼行動將決定別人對你的看法。

為得到他人的尊重，你必須首先覺得自己確實值得別人尊重，而且你越敬重自己，別人也會越敬重你們。

007

一個人的自我觀念就是他人格的核心，你們自己認為是怎麼樣的人，你們就真的會成為怎麼樣的人。

008

態度是我們每個人思想和精神因素的物化，它決定著我們的選擇和行動。

在這個意義上說，態度是我們最好的朋友，也會是我們最大的敵人。

009

高貴快樂的生活，不是來自高貴的血統，也不是來自高貴
的生活方式，而是來自高貴的品格——自立精神。

起點可能影響結果，但不會決定結果。

010

享有特權而無力量的人是廢物，受過教育而無影響的人是
一堆一文不值的垃圾。

011

如果你視工作為一種樂趣，人生就是天堂；

如果你視工作為一種義務，人生就是地獄。

012

缺乏行動的人，都有一個壞習慣：他們喜歡維持現狀，拒
絕改變。

我認為這是一種深具欺騙和自我毀滅效果的壞習慣。

由於內心的恐懼——對未知的恐懼，很多人抗拒改變，最
終會一事無成。

013

人生就是一場偉大的戰役，為了勝利，你需要行動、再行動、永遠行動！

這樣，你的安全就能得到保障。

014

一個人只有自己依靠自己，他才不會讓自己失望，並能增加自己控制命運的機會，聰明人只會去促使事情發生。

015

如果在困難面前你表現出膽怯，那麼，困難就勢必把你吞噬；如果你鼓起勇氣迎面而上，困難也將會退縮。

016

我所認識的那些幸運兒，他們都不是溫良、恭儉、謙讓的人，他們總是散發出自信的光輝和天下無難事的態度，他們的「運氣」是自信、大膽帶來的結果。

017

如果你覺得自己是贏家，你的行為就會像個贏家；

如果你的行為像個贏家，你就很可能去做更多贏家的事，從而改變你的「運氣」。

018

態度有助於創造運氣，而機運就在你的選擇之中。

如果你有 51／100 的時間做對了，那麼你就會變成英雄。

這就是我關於幸運的最深體會。

019

人生就是不斷抵押的過程，為前途我們抵押青春，為幸福我們抵押生命。

如果你不敢逼近底線，你就輸了。

為成功我們抵押冒險難道不值得嗎？

020

人人都厭惡失敗，然而，一旦避免失敗變成你做事的動機，你就走上了怠惰無力之路。

因為這預示著人可能要喪失原本可能有的機會。

021

我的座右銘是：

人始終要保持活力、永遠堅強、堅毅，不論遭遇怎樣的失敗與挫折，這是我唯一能做的事情。

022

樂觀的人在苦難中會看到機會；

悲觀的人在機會中會看到苦難。

記住我深信不已的成功公式——

夢想＋失敗＋挑戰＝成功之道

023

我只有在對自己有利無害的情況下，才表現自己的感情；

我可以讓對手教導我，但我永遠不會教導對手，無論我對那件事瞭解有多深。

024

凡事三思而後行，否則不管別人如何催促，如果不考慮周全的話，絕不行動；

我有自己的真理，只對自己負責；

小心那些要求你以誠相待的人，他們可能是想在你這裡撈到好處。

025

要在獲取利益的獵場上成為好獵手，你需要勤於思考、做事小心，能夠看到事物中一切可能存在的危險和機遇，同時又要像一個棋手那樣研究所有可能危及你霸主地位的各種戰略。

026

世界上什麼事都可以發生，就是不會產生不勞而獲的事。

那些隨波逐流、墨守成規的人，我不屑一顧，他們的大腦被錯誤的思想所盤踞，以為能全身而退就值得沾沾自喜。

027

要想讓我們好運連連，我們必須要精心策劃幸運；

而策劃幸運，需要好的計畫，好的計畫一定是好的設計，好的設計一定能發揮作用。

028

在構思好的設計時，要首先考慮兩個基本的先決條件——

　　第一個條件是知道自己的目標，譬如你要做什麼，甚至你
要成為什麼樣的人；

　　第二個條件是知道自己擁有什麼資源，如地位、金錢、人
際關係，乃至能力等等。

029

　　我們一定要講究規矩，因為規矩可以創造關係，規矩會帶
來長久的業務。

030

　　好的交易會創造更多的交易，否則，我們將提前結束我們
的好運。

031

　　善於思考與善於行動的人，都知道必須袪除傲慢與偏見，
都知道永遠不能讓自己的偏見妨礙自己的成功。

032

　　尊嚴，從來就不是別人給予的，也不是別人奪去的，它一
直都是由我們自己爭取和締造的。

033

當你過於在乎你的尊嚴，就恰恰暴露了你的弱點，你就會陷入某種執著之中，而忘了提升自己。

034

我想我們之所以會遭受侮辱，是因為我們的能力欠佳，這種能力可能與做人有關，也可能與做事有關，總之不構成他人的尊重。

035

如果你是一個冷靜反思的人，蒙羞不是件壞事，你會認為侮辱是測量自身能力的標尺，你會有動力去提升自己。

036

如果你想擁有實質性的優勢，你必須知道：

第一，整體環境：

市場狀況如何，景氣狀況如何。

第二，你的資源：

有哪些優勢和弱點，你有哪些資本。

第三，對手的資源：

對手的資產狀況如何，他的優勢、劣勢在哪裡。

第四，你的目標和態度：

你要知道自己在幹什麼、有什麼目標，實現目標的決心有多堅決，在精神和態度上認為自己像個贏家還是懷疑自己。

第五，對手的目標和態度：

要設法深入對手的內心，瞭解他的想法和感覺。

037

我今天的偉業歸功於三大力量的支持：

（1）第一支力量來自於按規矩行事，

它能讓企業得以永續經營；

（2）第二支力量來自於殘酷無情的競爭，

它會讓每次的競爭更趨於完美；

（3）第三支力量來自於合作，

它可以讓我在合作中取得更多的利益和好處。

038

往上爬的時候要對別人好一點，因為你走下坡路的時候會碰到他們。

039

生命的本質就是鬥爭和競爭，它們激動人心。

但是，當它們發展為衝突時，往往具有毀滅性和破壞性，而適時的合作則可化解它們。

040

成功者和追求成功的人都會有意識地結交比自己優秀的人，積極樂觀的人。因為，他們的能力、情緒都會感染著我們，使我們具備成功者的潛質。

041

我拒絕同兩種人交往：

第一種人是那些完全投降、安於現狀的人。

第二種人是不能將挑戰進行到底的人。

這兩種人有著極易感染他人的思想毒素，那就是消極。

042

當你目標明確時，他就如同一顆耀眼的鑽石，讓你在黑夜中找到明確的方向；它會成為芳香的蜂蜜，吸引周圍的人來與你同行。

043

如果你無法主動確立自己的目的，你就會被動或不自覺地選擇其他目的，結果很可能會讓你失去掌控全域的能力，同時你也將受制於使你分心或攪亂你的人或事件。

你將隨波逐流，無法順利抵達彼岸。

044

忍耐不是盲目的容忍，你需要冷靜地考慮情勢，要知道你的決定是否會偏離或加害你的目標。

忍耐也並非是忍氣吞聲，更絕非卑躬屈膝，它是一種策路，是一種性格磨煉，它所孕育出的是好勝之心。

045

我從不相信失敗是成功之母，我只堅信信心是成功之父。

相信會勝利，就必定成功。

信心的大小決定了成就的大小。

成功的人只是相信自己、肯定自己所作所為的平凡人。

永遠不要、絕對不要廉價出售自己。

相信會成功，是已經成功的人所擁有的一項基本而絕對必備的要素。

046

我不是刻板固執、按部就班、以簡單方式來解決問題的垂釣者；我是能夠創造多種選擇、直至挑選出最能創造商業利益的漁夫。

047

在執行計畫的過程中，我會保持開放策略，順應時勢，不斷地進行調整或修正我的計畫；

即使計畫進展不順利，我不會驚慌失措，總能沉著應付。

048

克服絕望的方式只有一種，那就是持續創造出各種可能性以跨越障礙。

簡單地說，希望源自於相信有其他選擇的存在。

049

藉口把絕大多數的人擋在了成功的大門之外，百分之九十九的人失敗卻是因為慣於找尋藉口。

所以在追求事業成功的過程中，最重要的一個步驟即為：

防止自己找藉口。

050

人人都不能小瞧了自己，每個人都被上天賦予了特殊的使命和能力。我無需驚嘆別人的偉大，因為我們自身就很強大。

051

當你相信自己不同凡響，並且嚴格恪守自己的信念，用它來嚴格約束自己，那麼你定能成就一番事業。

052

我們是在有意義的行動中活著，而不是歲月；

我們是在感覺中活著，而不是電話按鍵上的數字；

我們是在思想中活著，而不是空氣；

我們應該在正確的目標下，以心臟的跳動來計算時間。

053

思考最多、感覺最高貴、行為也最正當的人，生活也過得最充實！

054

賺錢，只是為了證明自己的能力，而絕不能成為我們的目

標。如果認不清這一點，那麼你的人生也必然被金錢所葬送。

055

有很多悲劇都因偏執和驕傲而引發；

製造貧窮的人也是一樣。

那些享有地位、尊嚴、榮耀和財富的成功者，都有一顆永不停息的心，都有一雙堅強有力的臂膀，在他們身上都凸顯了毅力和頑強意志的光芒。

而正是這樣的品質或財富，讓他們成就了事業，贏得了尊榮，成為了頂天立地的人物。

056

名譽和美德是心靈裝飾，如果沒有它，即使肉體再美，也不應該認為美。

057

有三種策略可以讓我們擁有優勢。

第一個策略：

一開始就要下決心，關注競爭狀況和競爭者的資源。

第二個策略：

研究和檢討對手的情況，然後善用這種知識，來形成自己的優勢。

策三個策略：

你必須擁有正確的心態。

058

有太多人高估他們所欠缺的，卻又低估他們所擁有的，以致喪失了成為勝利者的機會，這是個悲劇。

除非你放棄，否則你就不會被打垮。

059

如果我能夠將每一個障礙視為瞭解自己的一個機會，而非斤斤計較他人對我做了什麼，那麼我就能在領導危機的高牆外找到生路。

060

領導者最大的挑戰在於，要如何創造出一個能讓人們覺得開誠布公會比隱瞞實情來得更舒適的環境，鼓勵他們說出真正的想法。

061

一個人活著，必須在自身與外界創造足以使生命和死亡有點尊嚴的東西。

062

要領導手下出色完成任務，絕不可依賴某些管理技巧，而要採用一種更為宏觀、更有效能的領導方式。

063

具體而言，就是不讓手下拘泥在刻板、制式的工作職務上，而是想辦法利用每個人的長處並誘發他們將熱情傾注在工作之中，來成就絕佳的生產力。

——這就是我的制勝之道。

064

你的手下可挑剔的地方不勝枚舉，但是你要專注於發掘每個人潛在的優點，注意他們在每個細節上的傑出表現，以及他們為了將事情做得出色，而對完美主義近乎苛求的堅持。

——這就是你領導力的優勢所在。

065

人生的精彩和源源不斷的財富都得益於對於時間的計畫和掌控，我們要精心策劃每一步，做到運籌帷幄，「靜如處子，動如脫兔」才是成功者的作風。

066

無論一個人積儲了多麼豐富的妙語箴言，也無論他的見解有多高，假使不能利用每一個確實的機會去行動，其性格終究不能受到良好的影響。失去美好的意圖，終是一無所獲。

067

只要改變一個人的詞彙，就能建立他的收入、他的享受，並改善他的生活，乃至改變他的人生。

068

事實上，只要追逐名利的世界一天不被毀滅，只要幸福一天不變得像空氣那樣唾手可得，人類就一天不能停止貪心。

069

成功與失敗的間距僅僅是一念之差，要看誰有強烈的貪

心，誰具有這種力量，誰就能煥發並施展自己的全部力量，盡力而為，超越自己。

070

在這個世界上能出人頭地的人，都是那些懂得去尋找自己理想環境的人，如果他們不能如願，就會自己創造出來。

071

財富與目標成正比，如果你胸懷大志、目標高遠，你的財富之山就將壘向雲端；如果你只想得過且過，那麼你就只有一事無成。

072

人被創造出來是有目的的，一個人不是在計畫成功，就是在計畫失敗。

073

好奇才能發現機會，冒險才能利用機會。

如果你想知道既冒險又不招致失敗的技巧，記住一句話：

「大膽籌劃，小心實施。」

074

拒絕失敗的人如果被一個地方拒之門外,他們會繼續敲下一扇門,一次接著一次,直到有接納他們的地方。

在年輕的時候就學會這一點的人,必定在不久的將來會獲得極大的成功。

075

每年開始一門新的學問的研究,這樣你的視野會更加廣闊,你的人生觀會變得更新。

當你進入不同的領域,以前學的一丁點兒知識將使你受益匪淺。

076

知識是外在的,是我們對所見事物的認識;

智慧則是內涵的,是我們對無形事物的瞭解;

只有二者兼備,你才能成為一個全面發展的人。

077

幾乎在所有的商業範圍內,至少需要以下三種人才──那就是採購員、銷售員以及熟悉財務的人員。

當這三種人互相協調並進行合作，將有巨大的聚合力量。

078

與其生活在既不勝利也不失敗的黯淡陰鬱的心情裡，成為既不知歡樂也不知悲傷的懦夫的同類者，倒不如不惜失敗，大膽地向目的挑戰。

079

技術知識、熱情、努力以及誠心一定會得到回報的。

但是一定要有機遇，並不一定能按他們所預想的或希望的那樣得到回報。

080

領導者要以敢於、善於承擔風險的經營風格感人。

這是領導者有力量、有膽識的表現，同時，這種風格也是感染部下和員工的領導藝術。

081

學會運用感人的領導藝術來統御公司，應遵循三個原則：

第一，領導者要以非凡的氣度和美的外表形象感人。

第二，領導者要以高尚的人格來感召他人。

第三，領導者要以實幹精神和以身作則的作風感人。

082

從事商業的人常見的重大缺點之一就是——缺乏迅速以及果斷的判斷力。

如果放任緩慢的意志和決定，其時間的浪費和低效率會給公司帶來極大的損失。

083

企業家應該具有的用人心態：

第一，要確立「公司裡沒有不稱職的人」的人才觀，才能在用人上做到人盡其才。

第二，在選拔、使用人才時，要樹立公正、民主的心態。

第三，用人上要有「看人長處，容忍短處」的寬宏心態。

第四，要有不避仇人的用人心態。

第五，用人上還要有感恩的心態，才能在人才中形成向心力和凝聚力，使事業興旺發達。

第二部

洛克菲勒
38封信的魔法書

第1封
起點並不會決定終點

・命運由我們的行動決定，
　而不是由我們的出身決定。
・享有特權而無力量的人是廢物，
　受過教育而無影響力的人是一文不值的垃圾。

親愛的約翰：

你希望我能一直陪你一起出航，雖然這聽起來很不錯，但我不可能是你永遠的船長——上帝為我們創造雙腳，是要讓我們靠自己的雙腳走路。

也許你尚未做好心理準備，但你要瞭解，我所置身的那個充滿挑戰與神奇的商業世界，是你新生活的出發地，你將從那裡開始參加你不曾享用而又關乎你未來人生的盛宴。至於你如何使用擺放在你生命面前的刀叉，和如何品味命運天使奉上的每一道菜餚，那就完全要靠你自己了。

當然，我期望你在不遠的將來就能大有作為，並且能更勝我一籌。而我決定將你留在我身邊，無非是想把你帶到你事業生涯的高起點，讓你無須艱難地攀爬，便可享有順利發展的機會。

這當然沒什麼值得你慶幸和炫耀的，更無須你感激。美利堅合眾國的建國信念是人人生而平等，但這種平等是權利與法律意義上的平等，與經濟和文化優勢無關。想想看，我們這個世界就如同一座高山，當你的父母生活在山頂上時，就注定你不會生活在山腳下；當你的父母生活在山腳下時，也注定你不會生活在山頂上。

在多數情況下，父母的地位成就也決定了孩子的人生起

點──但這並不意味著，每個人的起點不同，其人生結果也不同。

　　在這個世界上，永遠沒有出貧窮或富裕，就能決定人生的成功與失敗，有的只是「我奮鬥、我成功」的真理。我堅信：我們的命運由我們的行動決定，而不是由我們的出身來決定。

　　就像你所知道的那樣，在我小的時候，家境十分貧寒，記得我剛上中學時，所用的書本都是好心的鄰居為我買的，我的人生開始時，也只是一個週薪五元錢的簿記員，但經由不懈的奮鬥，我卻建立了一個令人豔羨的龐大的石油王國。在他人眼裡這似乎是個傳奇，我卻認為這是對我持之以恆、積極奮鬥的回報，是命運之神對我努力打拼、不斷付出的獎賞。

　　約翰，機會永遠都會不平等，但其結果卻可能平等。在歷史上，無論是在政界還是在商界，尤其在商界，白手起家的事例俯拾皆是，他們都曾因貧窮而少有機會，他們卻都因奮鬥而功成名就。然而，歷史上也充斥著富家子弟擁有所有優勢，卻走向失敗的事例。麻州的一項統計數字說，十七個有錢人的下一代之中，竟然沒有一個在離開這個世界時還是富翁。

　　而在很久以前，社會上便流傳著一個諷刺富家子弟無能的故事——說在費城的一個小酒吧裡，一位客人談起某位百萬富翁，說：「他是白手起家的百萬富翁。」

　　「是啊，」旁邊一位比較精明的先生回答說：「他繼承了兩千萬，然後他現在已把這筆錢變成了一百萬。」

　　這是一個令人痛心的故事。但在我們今天這個社會，富家子弟正處在一種不進則退的窘境之中，他們中的很多人注定要受人同情和憐憫，甚至要下地獄。

　　家族的榮耀與成功的歷史，不能保證其子孫後代的未來將會美好。我承認早期的優勢的確大有幫助，但它不能保證最後會贏得勝利。我曾不止一次地思考這個對富家子弟而言帶有悲哀性的問題，我似乎覺得：

　　　　富家子弟開始承擔了優勢，卻很少有機會去學習和發展生存所需的技巧。而出身低微的人因迫切需要解救自身，便會積極發揮創意和能力，且珍視和搶佔各種機會。我還觀察到，富家子弟缺乏貧窮人的那種要拯救自己的野心，他們做的僅僅是祈禱上帝賜予他們的成就。

　　所以，在你和姐姐們很小的時候，我就有意識地不讓你們知道你們的父親是個富人，我向你們灌輸最多的是諸如節儉、個人奮鬥等價值觀念，因為我知道給人帶來傷害最快捷的途徑就是給錢，它可以讓人腐化墮落、飛揚跋扈、不可一世，失去最美好的快樂。我不能用財富埋葬我心愛的孩子，愚蠢地讓你們成為不思進取、只知依賴父母的成就的無能之輩。

　　一個真正快樂的人，是能夠享受他的創造的人。那些像海綿一樣，只取不予的人，只會失去快樂。

　　我相信沒有不渴望過上快樂、高貴生活的人，但真正懂得高貴快樂生活從何而來的人卻不多。在我看來，高貴快樂的生活，不是來自高貴的血統，也不是來自高貴的生活方式，而是來自高貴的品格──自立精神。看看那些贏得世人尊重、處處施展魅力的高貴的人，我們就知道自立的可貴。

　　約翰，你的每一個舉動都會成為我掛念。但與這種掛念相比，我更對你充滿信心，相信你優異的品格──比世界上任何

財富都更有價值的品格，將幫助你鋪設出一條美好的前程，並將助你擁有成功而又充實的人生。

但你需要強化這樣的信念：起點可能影響結果，但不會決定結果。能力、態度、性格、抱負、手段、經驗和運氣之類的因素，在人生和商業世界裡扮演著極為重要的角色。你的人生剛剛開始，但一場人生之戰就在你面前。我能深切地感覺到你想成為這場戰役的勝利者，但你要知道，每個人都有追求勝利的意志，只有決心做好準備的人才會贏得勝利。

孩子，享有特權而無力量的人是廢物，受過教育而無影響力的人是一堆一文不值的垃圾。

找到自己的路，上帝就會幫你！

愛你的父親

第2封
運氣靠自己策劃

・每個人都是他自己命運的設計者和建築師。

・我不靠天賜的運氣活著，但我靠策劃運氣來發達。

・等待運氣的時候，要知道如何引導運氣；
設計運氣，就是設計你的人生。

親愛的約翰：

有些人天生注定要成為一個令人眩目的王者或偉大人物，因為他們擁有非凡的才能，譬如，老麥考密克先生，他長著一顆能製造運氣的腦袋，知道如何將收割機變成收割鈔票的鐮刀。

在我眼裡，老麥考密克永遠是位野心勃勃且具商業才華的實業鉅子，他用收割機解放了美國農民，同時也把自己送入全美最富有者的行列。法國人似乎更喜歡他，盛贊他為「對世界最有貢獻的人！」可見法國人多麼肯定他。哦，這真是一個意外的收穫。這位原本只能做個普通農具商的商界奇才，說過的一句深奧的名言：「運氣是設計的殘餘物質。」

這句話聽起來的確讓人頗費腦筋，它是指運氣是策劃和策略的結果？還是指運氣是策劃之後剩餘的東西呢？

我的經驗告訴我，這兩種意義都存在，換句話說，我們創造自己的運氣，我們任何行動都不可能把運氣完全消除，運氣是策劃過程中難以擺脫的福音。

麥考密克洞悉了運氣的真諦，打開了運氣過來的大門。所以，我對麥考密克收割機能行銷全球，成為日不落產品，絲毫不感到奇怪。

然而，在我們這個世界上，很難找到像麥考密克先生那樣

善於策劃運氣的人，也很難找到不相信運氣的人。和不誤解運氣的人。

　　在凡夫俗子眼裡，運氣好像永遠是與生俱來的，只要發現有人在職務上得升遷、在商海中勢如破竹，或在某一領域取得成功，他們就會很隨便、甚至用不屑口吻說：「這個人的運氣真好，簡直是天生的幸運兒！」這種人永遠不能窺見一個讓自己賴以成功的偉大真理——每個人都是他自己命運的設計師和建築師。

　　我承認，就像人不能沒有金錢一樣，人不能沒有運氣。但是，要想有所作為就不能等待運氣光顧。我的信念是：「我不靠天賜的運氣活著，但我靠策劃運氣發達。」我相信好的計畫會左右運氣，甚至在任何情況下，都能成功地影響運氣。我在石油界實施的「把競爭改變為合作的計畫」恰恰驗證了這一點。

　　在那項計畫開始前，煉油商們各自為王，個人自私自利，結果引發了毀滅性的競爭。這種競爭對消費者來說當然是個福音，但油價下跌對煉油商卻是個災難。那時候絕大多數煉油商做的都是虧本生意，正一個個地滑入破產的泥沼之中。

　　我很清楚，要想重新有利可圖並將錢永遠地賺下去，就必須說服這個行業的人，讓大家理性行事。我把它視為一種責任，然而這很難做到，這需要一個計畫——一個將所有煉油業務置於我麾下的計畫。

　　約翰，要在獲取利益的獵場上成為好獵手，你需要勤於思考、做事小心，能夠看到事物中一切可能存在的危險和機遇，同時又要像一個棋手那樣研究所有可能危及你霸主地位的各種戰略。我徹底研究了形勢並評估了自己的力量，決定將大本營克利夫蘭作為我發動統治石油工業戰爭的第一戰場，等待征服在那裡的二十幾家競爭對手之後，再迅速行動，開闢第二戰場，直至將那些對手全部征服，建立石油業的新秩序。

　　就像戰場上的指揮官，選擇攻擊什麼樣的目標，要首先知道選擇什麼樣的火器才最奏效一樣，要想成功實現將石油業統一到我麾下的計畫，需要一個徹底解決問題的手段，那就是錢，我需要大量的錢去買下那些製造生產過剩的煉油廠。但我手頭上的那點資金不足以實現我的計畫，所以我決定組建股份公司，把行業外的投資者拉進來。很快我們以百萬資產在俄亥俄註冊成立了標準石油公司，第二年資本大幅擴張了三倍半。但何時動手卻是個學問。

富有遠見的商人總善於從每次災難中尋找機會，我就是這樣做的。在我們開始征服之旅前，石油業一片混亂，一天比一天沒有希望，克利夫蘭百分之九十的煉油商已經快被日益劇烈的競爭壓垮了，如果不把廠子賣掉，他們就只能眼睜睜地看著自己走向滅亡。這是收購對手的最好時機。

　　在此時採取收購行動，似乎不太道德，但這的確與良知無關。企業就如戰場，戰略目標的意義就是要造成對己方最有利的狀態。出於戰略上考慮，我選擇的第一個征服目標不是不堪一擊的小公司，而是最強勁的對手克拉克‧佩恩公司。這家公司在克利夫蘭很在名望，且野心勃勃，想要吃掉我的明星煉油廠。

　　但在對手決定之前，我總要先下手為強。我主動約見克拉克‧佩恩公司最大的股東，我中學時代的老朋友，奧利弗‧佩恩先生，我告訴他，石油業混亂、低迷的時代該結束了，為保護無數家庭賴以生存的這個行業，我要建立一個龐大、高績效的石油公司，並歡迎他加入。我的計畫打動了佩恩，最後他們同意以 40 萬美元的價格出售公司。

　　我知道克拉克‧佩恩公司根本不值這個價錢，但我沒有拒絕他們，吃掉克拉克‧佩恩公司就意味著我將取得世界最大煉油商的地位，將為迅速把克利夫蘭的煉油商結合在一起充當強

力先鋒。

　　這一招果然十分奏效。在以後不到兩個月的時間裡，就有二十二家競爭對手歸於標準石油公司的麾下，並最終讓我成為了那場收購戰的大贏家。而這又給我勢不可擋的動力，在此後三年時間裡，我連續征服了費城、匹茲堡、巴爾的摩的煉油商，成為了全美煉油業的惟一主人。

　　今天想來，我真是幸運，如果當時我只感歎自己時運不濟，隨波逐流，我或許早已被征服掉了。但我策劃出了我的運氣。

　　　世界上什麼事都可以發生，就是不會發生不勞而獲的事，那些隨波逐流、墨守成規的人，我不屑一顧。他們的大腦被錯誤的思想所盤踞，以為能全身而退，就值得沾沾自喜。

　　　約翰，要想讓我們的好運連連，我們必須要精心策劃運氣，而策劃運氣，需要好的計畫，好的計畫一定是好的設計，好的設計一定能夠發揮作用。你需要知道，在構思好的設計時，要首先考慮兩個基本的先決條件，第一個條件是知道自己的目標，譬如你要做什麼，甚至

　　你要成為什麼樣的人；第二個條件是知道自己擁有什麼資源，譬如地位、金錢、人際關係乃至能力。

　　這兩個基本條件的順序並非絕對不能改變，你可能先有一個構想、一個目標，才開始尋找適於這些資源的目標。還可以把它們混合一處，形成第三和第四種方法，例如擁有某種目標和某種資源，為實現目標，你必須選擇性地創造一些資源，也可能擁有一些資源和某個目標，你必須根據這些資源，提高或降低目標。

　　你根據資源調整目標或根據目標調整資源之後，就有了一個基礎——可以據以構思設計的結構，剩下的東西就是用手段與時間去填充，和等待運氣的來臨了。

　　你需要記住，設計運氣，就是設計人生。所以在你等待運氣的時候，你要知道如何引導運氣。試試看吧！

愛你的父親

第3封
天堂與地獄比鄰

・我們勞苦的最高報酬，不在於我們所獲得的，
　而在於我們會因此成為什麼。
・如果你視工作為一種樂趣，人生就是天堂；
　如果你視工作為一種義務，人生就是地獄。

親愛的約翰：

有一則寓言很有意味，也讓我感觸良多。那則寓言說：

　　在古老的歐洲，有一個人在他死的時候，發現自己來到一個美妙而又能享受一切的地方。他剛踏進那片樂土，就有個看似侍者模樣的人走過來問他：「先生，您有什麼需要嗎？在這裡您可以擁有一切您想要的：所有美味佳餚，所有可能的娛樂以及各式各樣的消遣，其中不乏妙齡美女，都可以讓您盡情享用。」

　　這個人聽了以後，感到有些驚奇，但非常高興，他暗自竊喜：這不正是我在人世間的夢想嘛！一整天他都在品嘗所有的佳餚美食，同時盡享美色的滋味。

　　然而，不久之後，他卻對這一切感到索然無味了，於是他就對侍者說：「我對這一切感到很厭煩，我需要做一些事情。你可以給我找一份工作做嗎？」

　　他沒想到，他所得到的回答卻是搖頭：「很抱歉，我的先生，這是我們這裡惟一不能為您做的。這裡沒有工作可以給您。」

　　這個人非常沮喪，憤怒地揮動著手說：「這真是太糟糕了！那我乾脆就留在地獄好了！」

　　「那您以為，您是在什麼地方呢？」那位侍者笑了一笑，溫和地說。

　　約翰，這則很富幽默感的寓言，似乎告訴我：失去工作就等於失去快樂。但是令人遺憾的是，有些人卻要在失業之後，才能體會到這一點，這真不幸！

　　我可以很自豪的說，我從未嘗過失業的滋味，這並非我運氣，而在於我從不把工作視為是毫無樂趣的苦役，更能從工作中找到無限的快樂。

　　我認為，工作是一項特權，它帶來比維持生活更多的事物。工作是所有生意的基礎，所有繁榮的來源，也是天才的塑造者。工作使年輕人奮發有為，比他的父母做得更多，不管他們多麼有錢。工作以最卑微的儲蓄表示出來，並奠定幸福的基礎。工作是增添生命味道的食鹽。但人們必須先愛它，工作才能給予最大的恩惠、獲致最大的結果。

　　我初進商界時，時常聽說，一個人想爬到高峰需要很多犧牲。然而，歲月流逝，我開始瞭解到很多正爬向高峰的人，並

不是在「付出代價」。他們努力工作是因為他們真正地喜愛工作。任何行業中往上爬的人都是完全投入正在做的事情,且專心致志。衷心喜愛從事的工作,自然也就成功了。

　　熱愛工作是一種信念。懷著這個信念,我們能把絕望的大山,鑿成一塊希望的磐石。一位偉大的畫家說得好,「痛苦終將過去,但是美麗永存」。

　　但有些人顯然不夠聰明,他們有野心,卻對工作過分挑剔,一直在尋找「完美的」雇主或工作。事實是,雇主需要準時、誠實而努力的雇員,他只將加薪與升遷機會留給那些格外努力、格外忠心、格外熱心、花更多的時間去做事的雇員,因為他在經營生意,而不是在做慈善事業,他需要的是那些更有價值的人。

　　不管一個人的野心有多麼大,他至少要先起步,才能到達高峰。一旦起步,繼續前進就不太困難了。工作越是困難或不愉快,越要立刻去做。如果他等的時間越久,就變得越困難、可怕,這有點像打槍一樣,你瞄的時間越長,射擊的機會就越渺茫。

我永遠也忘不了做我第一份工作——簿記員的經歷，那時我雖然每天天剛濛濛亮就得去上班，而辦公室裡點著的鯨油燈又很昏暗，但那份工作從未讓我感到枯燥乏味，反而很令我著迷和喜悅，連辦公室裡的一切繁文縟節都不能讓我對它失去熱心。而結果是雇主不斷地為我加薪。

　　收入只是你工作的副產品，做好你該做的事，出色完成你該完成的工作，理想的薪金必然會來。而更為重要的是，我們勞苦的最高報酬，不在於我們所獲得的，而在於我們會因此成為什麼。那些頭腦活躍的人拼命勞作決不是只為了賺錢，使他們工作熱情得以持續下去的東西要比只知斂財的欲望更為高尚——他們是在從事一項迷人的事業。

　　老實說我是一個野心家，從小我就想成為巨富。對我來說，我受雇的休伊特·塔特爾公司是一個鍛煉我的能力、讓我一試身手的好地方。它代理各種商品銷售，擁有一座鐵礦，還經營著兩項讓它賴以生存的技術，那就是給美國經濟帶來革命性變化的鐵路與電報。它把我帶進了妙趣橫生、廣闊絢爛的商業世界，讓我學會了尊重數字與事實，讓我看到了運輸業的威力，更培養了我作為商人應具備的能力與素養。所有的這些都在我以後的經商中發揮了極大效能。我可以說，沒有在休伊特·塔特爾公司的歷練，在事業上我或許要走很多彎路。

現在，每當想起休伊特和塔特爾兩位先生時，我的內心就不禁湧起感恩之情，那段工作生涯是我一生奮鬥的開端，同時也為我打下了奮起的基礎，我永遠對那三年半的經歷感激不盡。

所以，我從未像有些人那樣抱怨他的雇主，說：「我們只不過是奴隸，我們被雇主壓在塵土上，他們卻高高在上，在他們豪華的別墅裡享樂；他們的保險櫃裡裝滿了黃金，他們所擁有的每一塊錢，都是壓榨我們這些誠實的工人得來的。」

我不知道這些抱怨的人是否想過：是誰給了你就業的機會？是誰給了你建設家庭的可能？是誰讓你得到了發展自己的可能？如果你已經意識到了別人對你的壓榨，那你為什麼不結束這種壓榨，一走了之？

工作是一種態度，它決定了我們快樂與否。

同樣都是石匠，同樣在雕塑石像，如果你問他們：「你在這做什麼？」他們中的一個人可能就會說：「你看到了嘛，我正在鑿石頭，鑿完這塊我就可以回家了。」這種人永遠視工作為懲罰，在他嘴裡最常吐出的一個字就是「累」。

另一個人可能會說：「你看到了嘛，我正在做雕像。這是一份很辛苦的工作，但是酬勞很高。畢竟我有太太和四個孩

子，他們需要溫飽。」這種人永遠視工作為負擔，在他嘴裡經常吐出來的一句話就是「養家糊口」。

　　第三個人可能會放下錘子，驕傲地指著石雕說：「你看到了嘛，我正在做一件美麗的藝術品。」這種人永遠以工作為榮，工作為樂，在他嘴裡最常吐出的一句話是「這個工作很有意義」。

　　　天堂與地獄都是由自己建造的。如果你賦予工作意義，那麼不論工作大小，你都會感到快樂，自我設定的成績不論高低，都會使人對工作產生樂趣。如果你不喜歡做的話，任何簡單的事都會變得困難、無趣，當你叫喊著這個工作很累人時，即使你不賣力氣，你也會感到精疲力竭，反之就大不相同。事情就是這樣。

　　約翰，如果你視工作為一種樂趣，人生就是天堂；如果你視工作為一種義務，人生就是地獄。檢視一下你的工作態度，那會讓我們都感覺到很愉快。

　　　　　　　　　　　　　　　　　　　　愛你的父親

第*4*封
想做的事，馬上去做

· 機會就是靠機會得來的。

· 壞習慣能擺佈我們，左右成敗。它很容易養
　成，但卻很難伺候。

· 成功的將一個好主意、毫不遲疑地付諸實現；
　它比在家空想出一千個好主意要有價值得多。

親愛的約翰：

聰明人說的話總能讓我記得很牢。有位聰明人說得好，「教育涵蓋了許多方面，但是他本身不教你任何一面。」

這位聰明人向我們展示了一條真理——

如果你不採取行動，世界上最實用、最美麗、最可行的哲學也無法行得通。

我一直相信，機會就是靠機會得來的。再好的構想都還會有缺失，即使是很普通的計畫，但如果確實執行並且繼續發展，都會比半途而廢的好計畫要好得多，因為前者會貫徹始終，後者卻前功盡棄。所以我說，成功沒有秘訣，要在人生中取得正面結果，有過人的聰明智慧、特別的才藝當然好，沒有也無可厚非，只要肯積極行動，你就會越來越接近成功。

遺憾的是，很多人並沒有記取這個最大的教訓，結果將自己淪為了平庸之輩。看看那些庸庸碌碌的普通人，你就會發現，他們都有在被動的活著，他們說的遠比做的多，甚至只說不做。但他們幾乎個個都是找藉口的行家，他們會找各種藉口來拖延，直到最後他們證明這件事不應該、沒有能力去做或已

經來不及了為止。

　　與這類人相比，我似乎聰明、狡猾了許多。蓋茨先生吹捧我是個主動做事、自動自發的行動者。我很樂意這樣的吹捧，因為我沒有辜負它。積極行動是我身上的另一個標識，我從不喜歡紙上談兵或流於空談。因為我知道，沒有行動就沒有結果，世界上沒有哪一件東西不是由一個個的想法來付諸實施的。人只要活著，就必須有所行動。

　　很多人都承認，沒有智慧的基礎的知識是沒用的，但更令人沮喪的是即使空有知識和智慧，如果沒有行動，一切仍屬空談。行動與充分準備其實可視為物體的兩面。人生必須適可而止。做太多的準備卻遲遲不去行動，最後只會徒然浪費時間。

　　換句話說，事事必須有節制，我們不能落入不斷演練、計畫的圈套，而必須承認現實：不論計畫有多周詳，我們仍然不可能準確預測最後的解決方案。

　　我當然不否認計畫非常重要，計畫是獲得有利結果的第一步，但計畫並非行動，也無法代替行動。就如同打高爾夫球一樣，如果沒有打過第一洞，便無法到達第二洞。行動解決一切。沒有行動，什麼都不會發生。我們無論如何也買不到萬無一失的保險，但我們可以做到的是下定決心去實行我們的計畫。

　　缺乏行動的人，都有一個壞習慣：喜歡維持現狀，拒絕改變。我認為這是一種深具欺騙和自我毀滅效果的壞習慣，因為一切都在變化之中，正如人會生死一樣，沒有不變的事物。但因內心的恐懼——對未知的恐懼，很多人抗拒改變，哪怕現狀多麼不令他滿意，他都不敢向前跨出一步。看看那些本該事業有成，卻一事無成的人，你就知道情他們根本就不值得別人同情。

　　其實，每個人在決定一件大事時，心裡都會或多或少有些擔驚受怕，都會面對到底要不要做的困擾。但「行動派」會用決心燃起心靈的火花、克服種種困難，想出各種辦法來完成他們的心願。

　　很多缺乏行動的人大都很天真，喜歡坐等事情自然發生。他們天真地以為，別人會關心他們的事。事實上，除了自己以外，別人對他們不大感興趣，人們只對自己的事情感興趣。例如，一樁生意，我們獲利比重越高，就要越主動採取行動，因為成敗與別人的關係不大，他們不會在乎的。這時候，我們最好把它推一把，如果我們怠惰、退縮，坐等別人採取主動來推動事情的話，結果必定會令人失望。

一個人只有自己依靠自己，他才不會讓自己失望，並能有效控制自己的命運。

人生中最令人感到挫折的，莫過於想做的事太多，結果不但沒有足夠的時間去做，反而想到每件事的步驟繁多，而被做不到的情緒所震懾，以致一事無成。我們必須承認，時間有限，任何人都無法做完所有的事情。聰明人知道，並非所有的行動都會產生好的結果，只有明智的行動才能帶來有意義的結果，所以聰明人只會汲取做了以後獲得正面效果的工作，做與完成最大目標有關的工作，而且專心致志，所以聰明人總能做出最有價值的貢獻，並撈到很多好處。

要吃掉大象需要一口一口的吃，做事也是一樣，想完成所有的事情，只會讓機會溜掉。我的座右銘是：洛克菲勒對事情的輕重緩急，會採取不同的步驟。

很多人都是自己使自己變成一個被動者的，他們想等到所有的條件都十全十美，也就是時機對了以後才行動。人生隨時都是機會，但是幾乎沒有十全十美的。那些被動的人平庸一輩子，恰恰是因為他們一定要等到每一件事情都百分之百的有

利，萬無一失以後才去做。這是傻瓜的做法。我們必須向生命妥協相信手上的正是目前需要的機會，才會將自己擋在陷入行動前永遠癡癡等待的泥沼之外。

　　我們追求完美，但是人類的事情並沒有一件是絕對完美的，只有接近完美。等到所有條件都完美以後才去做，只能永遠等下去，並將機會拱手讓給他人。那些要等到所有事情都已經準備妥當才出發的人，將永遠也離不開家。要想變成「我現在就去做」的那種人，就是停止一切白日夢，時時想到現在，從現在就開始做為出發點！

　　每個人都有失去自信，懷疑自己能力的時候，尤其是在逆境中的時候。但真正懂得行動藝術的人，卻可以用堅強的毅力克服它，會告訴自己每個人都有失敗的時候，有失敗得很慘的時候，會告訴自己不論事前做了多少準備、思考多久，真正著手做的時候，都有難免會犯錯誤。然而，被動的人，並不把失敗視為學習和成長的機會，卻總在告誡自己：或許我真的不行了，以致失去了積極參與未來的行動。

很多人都相信心想事成，但我卻將其視為「謊言」。好主意一毛錢能買一打，最初的想法只是一連串列動的起步，接下來需要第二階段的準備、計畫和第三階段的行動。在我們這個世界上從來不缺少有想法有主意的人，但懂得成功的將一個好主意毫不遲疑地付諸實現的人，卻不是到處可見！

人們用來判斷你的能力的真正基礎，不是你腦子裡裝了多少東西，而是你的行動。人們都信任腳踏實地的人，他們都會想：這個人敢說敢做，一定知道怎麼做最好。我還沒聽過有人因為沒有打擾別人、沒有採取行動或要等別人下令才做事而受到讚揚的。那些在工商界、政府、軍隊中的領袖，都是很能幹又肯幹的人、百分之百主動的人。那些站在場外袖手旁觀的人永遠當不成領導人物。

不論是自動自發者、還是被動的人，都是習慣使然。習慣有如繩索，我們每天紡織一根繩索，最後它粗大得無法折斷。習慣的繩索不是帶領我們到高峰就是引領我們到低谷，這要看它是好習慣或是壞習慣了。壞習慣能擺佈我們、左右成敗，它很容易養成，但卻很難伺

候。好習慣很難養成，但很容易維持下去。

　　要有現在就做的習慣，最重要的是要有積極主動的精神，戒除精神散漫的習慣，要決心做個主動的人，要勇於做事，不要等到萬事俱備以後才去做，永遠沒有絕對完美的事。培養行動的習慣，不需要特殊的聰明智慧或專門的技巧，只需要努力耕耘，讓好習慣在生活中開花結果即可。

　　孩子，人生就是一場偉大的戰役，為了勝利，你需要行動，再行動，永遠行動！這樣，你的安全就能得到保障。

　　祝耶誕節快樂！我想沒有比在此時送給你這封信，更好的聖誕禮物了。

愛你的父親

第5封
要有競爭的決心

・我從來沒有想到輸，即使是輸了，
　也應該光明磊落的輸！
・拐杖不能取代強健有力的雙腳，
　我們要靠自己的雙腳站起來。

親愛的約翰：

我有一個不好的消息要告訴你，班森先生去世了，就在昨晚。我很難過。

班森先生是我昔日的勁敵，也是我為數不多的、受我尊重的對手之一，他卓爾不群的才幹、頑強的意志和優雅的風度留給我深刻的印象。

直到今天，我還記得在我們結盟之後，他跟我開的那個玩笑，他說：「洛克菲勒先生，您是一個毫不手軟而又完美的掠奪者，輸給那些壞蛋，會讓我非常難過，因為那就像遭遇了搶劫，但與您這種循規蹈矩的人交手，不管輸贏，都會讓人感到快樂。」

當時，我分不清班森是在恭維我、還是在讚美我，我告訴他：「班森先生，如果你能把掠奪者換成征服者，我想我會樂意接受的。」他笑了。

我非常敬佩那些在大敵當前依然英勇奮戰的勇士，班森先生就是這樣的人。我和班森成為競爭對手之前，我剛剛擊敗了全美最大的鐵路公司——賓州鐵路公司，並成功制伏了全美第四家也是最後一家大型鐵路公司——巴爾的摩・俄亥俄鐵路公司。就這樣，連同我最忠實的盟友——伊利鐵路公司和紐約中

央鐵路公司——全美四大鐵路公司全都成為我手中可以掌控的工具了。

與此同時，標準石油公司的輸油管道一點一點延伸到油田，更讓我獲得了連接油井和鐵路幹線所有主要輸油線的絕對控制權。

坦率的說，那時我的勢力已經延伸到採油、煉油、運輸、市場等石油行業的各個角落，如果我說我手中握有採油商、煉油商的生殺大權，絕非大話，我可以讓他們腰纏萬貫，也可以讓他們一文不值。但的確有人無視我的權威，例如——班森先生。

班森先生是個有雄心的商人，他要鋪設一條從布拉德福德油田到威廉斯波特的輸油管道，去拯救那些惟恐被我擊垮，而急欲擺脫我束縛的獨立石油生產商們，當然，想從中大撈一把的念頭，更支配著他勇敢闖入我的領地。

這條連接賓州東北部與西部的輸油管線，從一開始就以驚人的速度在向前鋪進。這引起我極大關注。約翰，任何競爭都不是一場輕鬆的遊戲，而是活力十足、需要密切注意、不斷做出決定的遊戲，否則，稍不留神你就輸了。

　　班森先生在製造麻煩，我必須讓他住手。起初我用了一套顯然並不高明的手法與他開始較量：我用高價買下一塊沿賓州州界由北向南的狹長土地，企圖阻止班森前進的步伐，但他採取繞行的辦法，化解了我打出的重拳，結果我成了無所作為的地主，卻讓那裡的農民一夜暴富。接著我動用了盟友的力量，要求鐵路公司絕不能讓任何輸油管道跨越他們的鐵路，班森如法炮製，再次成功突圍。最後我想借助政府的力量來阻擊他，但沒有成功，只眼睜睜地看著班森成為英雄。

　　我知道，我遇到了難以征服的勁敵了，但他無法動搖我競爭的決心，因為那條長達一百一十英里的管道是我最大的威脅，如果任由原油在那裡毫無阻礙的流淌，流到紐約，那麼班森他們就將取代我成為紐約煉油業的新主人，同量也將使我失去對布拉德福德油田的控制。這是我不能允許的。

　　當然，我並不想趕盡殺絕，困死他們，我真正的目標是希望不用太高的價格，就能得到我想要的東西——不能讓班森他們胡來，破壞我費盡心計才建立起來的市場秩序，毀了我對石油定的控制權，這可是我的生命。所以，當那條巨蛇即將開始湧動的時候，我向班森提議，我想買他們的股票。但很不幸，他們拒絕了。

這激怒了我們很多人。主管公司管道運輸業務的奧戴先生要用武力毀了它，以懲罰那些不知好歹的傢伙。我厭惡這種邪惡而下作的想法，只有無能的人才會幹這類令人不齒的勾當，我告訴奧戴：殺了你那個愚蠢的想法！我從來沒有想到輸，但是即使輸了，也應該光明磊落的輸。

　　如果誰能在背後搞鬼而沒有被人抓到，他幾乎一定會獲得競爭優勢。但是，邪惡和不道德的行為非常危險，它會讓他喪失尊嚴，甚至可能坐牢。而任何欺騙和不道德的行為都無法持久，都不能成為可靠的企業策略，這只全破壞大局，使未來變得越發困難，甚至不可能再有機會。我們一定要講究規矩，因為規矩可以創造關係，關係會帶來長久的業務，好的交易會創造更多的交易，否則，我們將提前結束我們的好運。

　　就我本性而言，我不迎接競爭，但我會摧毀競爭者。可我不需要不光明的勝利，我要贏得美滿、徹底而體面。就在班森洋洋得意，享受他成功快樂的時候，我向他發動了一系列令他難以招架的攻勢。我派人給儲油罐生產商送去大批定單，要求他們保證生產、按時交貨，令他們無暇顧及其他客戶，包括班森，沒有儲油罐，採油商只能將開採的原油傾瀉到荒野上，那麼班森先生所接受的就不是待運的石油，而是大聲的抱怨了。

與此同時，我大幅降低管道運輸價格，將大批靠班森運送原油的煉油商吸引過來，變為了我們的客戶，而在此前我已迅速收購了在紐約幾家煉油廠以阻止它們成為班森一夥的客戶。

一個優秀的指揮官，不會攻打與他無關的碉堡，而是要全力摧毀那個足以攻陷全城的碉堡。

我的每一輪攻擊都打在致使班森先生無油可運之處，我成為了勝利者。在那條被稱為全最長的輸油管道建成未足一年，班森先生投降了，他主動提出與我講和。我知道這不是他們的本意，但他們很清楚，如果再與我繼續對抗下去，等待他們的就只能敗得更慘的結局。

約翰，每一場至關重要的競爭都是一場決定命運的大戰，「後退就是投降！後退就將淪為奴隸！」

戰爭既已不可避免，那就讓它來吧！而在這個世界上，競爭一刻都不會停止，我們也便沒有休息的時候。我們所能做的，就是帶上鋼鐵般的決心，走向紛至遝來的各種挑戰和競爭，而且要情緒高昂並樂在其中，否則，就不會產生好的結果。

要想在競爭中獲勝，較為關鍵的是你要保持警覺，當你不斷地看到對手想削弱你的時候，那就是競爭的開始。這時你需要知道自己擁有什麼，也需要知道友善、溫情能會害了你，而後就是動用所有的資源的技巧，去贏得勝利了。

　　當然，要想在競爭中獲勝，勇氣只是贏得勝利的一方面，還要有實力。拐杖不能取代強健有力的雙腳，我們要靠自己的雙腳站起來，如果你的腳不夠強壯，不能支持你，你不是放棄和認輸，而是應該努力去磨練、強化、發展雙腳，讓它們發揮力量。

我想班森先生在天堂上也會同意我的觀點吧！

　　　　　　　　　　　　　　　　　　　　　愛你的父親

第*6*封
借錢是為了創造好運

・不論是要贏得財富，還是要贏得人生，
　優秀的人在競技中想的不是輸了我會怎樣？
　而是要成為勝利者我應該做什麼！

・人生就是不斷抵押的過程，為前途我們抵押青
　春，為幸福我們抵押一生。

親愛的約翰：

我能夠理解，為什麼你用我給你的錢去股市闖蕩總讓你感覺有些不安。因為你想贏，卻又怕在那個冒險的世界裡輸，而輸掉的錢不是你的，是借來的，還得支付利息。

這種輸不起的感受，在我創業之初，乃至較有成就之後，似乎一直都在統治著我，以致每次借款前，我都會在謹慎與冒險之間徘徊，苦苦掙扎，甚至夜不能眠，躺在床上就開始算計如何償還欠款。

常有人說，冒險的人經常失敗，但白癡又何嘗不是如此？

在我恐懼失敗過後，我總能打起精神，決定去再次借錢。事實上，為了進步我沒有其他道路可尋，我不得不去銀行進行貸款。

兒子，呈現在我們眼前的，經常是巧妙化解棘手問題的大好良機。借錢不是件壞事，它不會讓你破產，只要你不把它看成像救生圈一樣，只在危機的時候使用，而把它看成是一種有力的工具，你就可以用它來開創機會。否則，你就會掉入恐懼失敗的泥潭，讓恐懼束縛你本可大展鴻圖的雙臂而終無大成。

我所熟知或認識的富翁中間，只靠自己一點一滴、日積月累掙錢發達的人少之又少，更多的人是因借錢而

發財，這其中的道理並不深奧，一塊錢的買賣遠遠比不上一百塊錢的買賣賺得多。

　　不論是要贏得財富，還是要贏得人生，優秀的人在競技中想的不是輸了我會怎樣？而是要成為勝利者我應該做什麼！

　　借錢是為了創造好運。如果抵押一塊土地就能借得足夠的現金，讓我獨佔一塊更大的地方，那麼我會毫不遲疑地抓住這個機會。在克利夫蘭時，我為擴張實力、奪得克利夫蘭煉油界頭把交椅地位，我曾多次欠下巨債，甚至不惜把我的企業抵押給銀行，結果是我成功了，我創造了令人震驚的成就。

　　兒子，人生就是不斷抵押的過程，為前途我們抵押青春，為幸福我們抵押一生。因為如果你不敢逼近底線，你就輸了。為成功我們抵押冒險不值得嗎？

　　談到抵押，我想告訴你，在我從銀行家手裡接過鉅款時，我抵押出去的不光是我的企業，還有我的誠實。我視合同、契約為神聖的東西，我嚴格遵守合同，從不拖欠債務。我對投資人、銀行家、客戶，包括競爭對手，從不忘以誠相待，在同他

們討論問題時我都堅持講真話,從不捏造或含糊其辭,我堅信謊言在陽光下就會顯形。

付出誠實的回報是巨大的,在我沒有走出克利夫蘭前,那些瞭解我品行的銀行家們,曾一次次把我從難以擺脫的危機中拯救出來。

我清楚地記得,有一天,我的一個煉油廠突然失火,損失慘重。由於保險公司遲遲不能賠付保險金,而我又急需一筆錢重建瓦礫中的企業,我只得向銀行追加貸款。現在一想起那天銀行貸款的情景就讓我激動不已。本來在那些缺乏遠見的銀行家眼裡,煉油業早已是高風險行業,向這個行業提供資金不亞於是在賭博,再加上我的煉油廠剛剛被毀於一炬,所以有些銀行董事對我追加貸款猶豫不決,不肯立即放貸。

就在這時,他們中的一個善良的人,斯蒂爾曼先生,讓一名職員提來他自己的保險箱,向著其他幾位董事大手一揮說:「聽我說,先生們,洛克菲勒先生和他的合夥人都是非常優秀的年輕人。如果他們想借更多的錢,我懇請諸位要毫不猶豫地借給他們。如果你希望更保險一些,這裡就有(誠信),想拿多少就拿多少。」於是,我用誠信征服了銀行家。

兒子,誠信是一種方法,一種策略。因為我支付誠信,所

以我贏得了銀行家乃至更多人的信任，也因為它度過一道道難關，踏上了快速的成功之路。

今天，我無須再求助於任何一家銀行，我就是我自己的銀行，但我永遠都在感激那些曾鼎力幫助過我的銀行家們。

你的未來可能是管理企業，你需要知道，經營企業的目的是要賺錢。擴大企業能夠賺錢，但是把企業拿出去抵押也是管理和運用金錢的重要事項。如果你只注重一種功能，而忽視另一種功能，就會招致失敗；在最糟糕的情形下，可能會造成財務崩潰，在較好的情形下，也許會錯失很多機會。

管理和運用金錢跟決心賺錢不同，需要有不同的信念。要管理和運用金錢，你必須樂於親自動手、親自管理數字，不能只是空談管理和策略。上帝表現在細節之中。如果你忽視了這些細節，或是超脫細節，把這種「雜事」授權給別人去做，就等於至少忽視了你事業經營的一半重要責任。細節永遠不應該妨礙熱情，成功的做法是你要記住兩點：一個是戰術，另一個是戰略。

兒子，你正朝著贏得一場偉大人生的位置前進，這是你一直以來的目標，你需要勇敢，再勇敢。

　　　　　　　　　　　　　　　　　　　　　愛你的父親

第7封
最可怕的是精神破產

・害怕失敗就不敢冒險，不敢冒險就會錯失眼前
　的機會。
・我是一個聰明的「失敗者」，我知道怎樣向失
　敗學習。
・只要不變成習慣，失敗是件好事。

親愛的約翰：

你近來的情緒過於低落了，這很是讓我難過。我能真切地感受到，你還在為那筆讓你賠進一百萬的投資感到恥辱和羞愧。以至終日悶悶不樂、憂心忡忡。其實，這大可不必，一次失敗並不能說明什麼，更不會在你的腦門上貼上「無能者」的標籤。

快樂起來吧！我的兒子。你需要知道，這個世界上的每個人都沒有永遠順遂的人生；相反，卻要時刻與失敗比鄰而居。

也許正因為這個世界上有太多太多無奈的失敗，追求卓越才變得魅力十足，讓人競相追逐，甚至不惜以生命為代價。即便如此，失敗還是會來的。

我們的命運也依然如是。只是與有些人不同，我把失敗當作一杯烈酒，咽下去的是苦澀，吐出來的卻是精神。

在我信誓旦旦跨入商界，跪下來懇祈上帝保佑我們新開辦的公司之時，一場災難性的風暴便襲擊了我們。當時我們簽訂了一筆合同，要購進一大批豆子，準備大賺一把，但沒有想到一場突然「來訪」的霜凍擊碎了我們的美夢，到手的豆子毀了一半，而且有失德行的供應商還在裡面摻加了沙土和細小的豆葉、豆秸。這註定是一筆要做砸了的生意。但我知道，我不能

沮喪，更不能沉浸在失敗之中，否則，我就會離我的目標、夢想越來越遠。

天下沒有白吃的午餐，更不可能維持現狀，如果靜止不動，就是退步，但要前進，必須樂於做決定和冒險。

那筆生意失敗之後，我再次向我的父親借債，儘管是很不情願才這麼做。而且，為使自己在經營上勝人一籌，我告訴我的合夥人克拉克先生，我們必須宣傳自己，通過報紙廣告讓我們的潛在客戶知道，我們能夠提供大筆的預付款，並能提前供應大量的農產品。

結果，膽識加勤奮拯救了我們，那一年我們非但沒有受「豆子事件」的影響，反而讓我們賺到了一筆可觀的純利。

人人都厭惡失敗，然而，一旦避免失敗變成你做事的動機，你就走上了怠惰無力之路。這非常可怕，甚至是種災難。因為這預示著人可能要喪失原本可能有的機會。

　　兒子，機會是稀少的東西，人們因機會而發跡、富有，看看那些窮人你就知道，他們不是無能的蠢材，他們也不是不努力，他們是苦於沒有機會。

　　你需要知道，我們生活在弱肉強食的叢林之中，在這裡你不是吃人、就是被別人吃掉，逃避風險幾乎就是保證破產；而你利用了機會，就是在剝奪別人的機會，保證著自己。

　　害怕失敗就不敢冒險，不敢冒險就會錯失眼前的機會。所以，為了避免喪失機會、保住競爭的資格，我們支付失敗與挫折是值得的！

　　失敗是走上更高地位的開始。我可以說，我能有今天的成就，是踩著失敗的螺旋階梯升上來的，是在失敗中崛起的。我是一個聰明的「失敗者」，我知道怎樣向失敗學習。從失敗的經驗中汲取成功的因數，用自己不曾想到的手段，去開創新事業。所以我想說，只要不變成習慣，失敗是件好事。

我的座右銘是：人始終要保持活力、永遠堅強、堅毅，不論遭遇怎樣的失敗與挫折，這是我惟一能做的事情。我自己能夠理解，我做什麼才會讓自己感到快樂，什麼東西值得自己為之效命。根本的期望，就像清潔工手中的掃把，將掃盡你成功之路上的所有垃圾。兒子，你自己根本的期望在哪裡？只要你不丟掉它，成功必將到來。

　　　　樂觀的人在苦難中會看到機會；
　　　　悲觀的人在機會中會看到苦難。

　　兒子，記住我一直以來深信不已的成功公式——

　　　　夢想＋失敗＋挑戰＝成功之道。

　　當然，失敗有它的殺傷力，它可以讓人萎靡、頹廢，喪失鬥志和意志力。重要的是你將失敗看作什麼。天才發明家湯瑪斯‧愛迪生先生，在用電燈照亮摩根先生的辦公室前，共做了一萬多次實驗，在他那裡，失敗是成功的試驗田。

　　十年前，《紐約太陽報》一位年輕記者採訪了他，那位少經世事的年輕人問他說：「愛迪生先生，您目前的發明曾經失

敗過一萬次，您對些有什麼看法？」愛迪生對失敗一詞很不受用，他以長者口吻跟那位記者說：「年輕人，你的人生旅程才剛剛開始，所以我告訴你一個對你未來很有幫助的啟示，我沒有失敗過一萬次，我只是發明了一萬種行不通的方法。」——精神的力量永遠如此巨大。

兒子，如果你要宣佈精神破產，你就會輸掉一切。你需要知道——

人的事業就如同浪潮，如果你踩到浪頭，功名隨之而來；而一旦錯失，則終其一生都將受困於淺灘與悲哀。失敗是一種學習的經歷，你可讓它變成墓碑，也可以讓它變成墊腳石。

在我們人的一生中，沒有挑戰就沒有成功，不要因為一次失敗就停下腳步，戰勝自己，你就是最大的勝利者！

我對你很有信心。

愛你的父親

第8封
只有放棄，才會失敗

・世界上沒有一樣東西可取代毅力。

・除非你放棄，否則你就不會被打垮。

・有太多的人高估他們所欠缺的，
　卻又低估了他們所擁有的。

親愛的約翰：

今天是一個偉大的日子！

今天，合眾國上下懷著一種特有的感念之情，來紀念那顆偉大而又罕有的靈魂——無愧於上帝與人類的先總統亞伯拉罕·林肯先生。我相信林肯受之無愧。

在我真實的記憶中，沒有誰能比林肯更偉大。他編織了一段合眾國成功而又令人動容的歷史，他用不屈不撓的精神與勇氣以及寬厚仁愛之心，使四百萬最卑下的黑奴獲得解放，同時擊碎了二千七百萬另一膚色的合眾國公民靈魂上的枷鎖，結束了因種族仇恨而使靈魂墮落、扭曲和狹隘的罪惡歷史。他避免了國家被毀滅的災難，將一切不同語言、宗教、膚色和種族組合成為一個嶄新的國家。合眾國因他獲得了自由，因他而幸運地踏上了正直公平的康莊大道。

林肯是上世紀最偉大的英雄，今天，在他百年誕辰之際，舉國上下追思他為合眾國所做的一切，就是一個最好的證明。

然而，當我們重現並感激他的光輝偉業之時，我們更應汲取並光大其人生所具有的特殊教益——執著的決心與勇氣。我想我們紀念他的最好方式就是效法他，讓他從不放棄的精神光照美國。

在我心中，林肯永遠是不被困難嚇倒、不屈不撓的化身。他生下來就一貧如洗，曾被趕出家園。他第一次經商就失敗了，第二次經商敗得更慘，以致他用去十幾年的時間才還清了債務。他的從政之路同樣坎坷，他第一次競選州議員就遭失敗，並丟掉了工作。幸運的是，他第二次競選成功了。但接下來是喪失親人的痛苦，競選州參議員發言人的失敗在等待著他。然而，他依然沒有灰心，在以後競選中他曾六度失敗，但每次失敗過後他仍是力爭上游，直至當選美國總統。

　　每個人都有歷盡滄桑和飽受無情打擊的時候，卻很少有人能像林肯那樣百折不回。每次競選失敗過後，林肯都會激勵自己：「這不過是滑了一跤而已，並不是死了爬不起來了。」這些詞彙是克服困難的力量，更是林肯終於享有盛名的利器。

　　　　林肯的一生書寫了一個偉大的真理——
　　　　除非你放棄，否則你就不會被打垮。

　　功成名就是一連串的奮鬥。那些偉大的人物，幾乎都受過一連串的無情打擊，他們每個人都險些宣佈投降，但是他們因為堅持到底，終於獲得了輝煌的成果。例如偉大的希臘演說家

狄摩西尼（前 384 年～前 322 年），他因為口吃，而生性害臊羞怯。他父親死後給他留下一塊土地，希望他能過上富裕的生活，但當時希臘的法律規定，他必須在聲明擁有土地之權之前，先在公開的辯論中贏得所有權。很不幸，因為口吃加上害羞使他慘敗，結果他喪失了那塊土地。但他沒有被擊倒，而是發憤努力戰勝自己，結果他創造了人類空前未有的演講高潮。歷史忽略了那位取得他財產的人，但幾個世紀以來，整個歐洲都記得一個偉大的名字——狄摩西尼。

有太多人高估他們所欠缺的，卻又低估他們所擁有的，以至喪失了成為勝利者的機會。這是個悲劇。

林肯的一生就是化挫折為勝利的偉大見證。沒有不經失敗的幸運兒，重要的是不要因失敗而變成一位懦夫。如果我們盡了最大努力仍然不達目的，我們所應做的就是汲取教訓，力求在接下來的努力中表現得更好就行了。

坦率地說，我無心與林肯總統比較，但我有他些許的精神，我痛恨生意失敗、失去金錢，但是真正使我關心的是，我害怕在以後的生意中，會太謹慎而變成懦夫。如果真是那樣，那我的損失就更大了。

對一般人而言，失敗很難使他們堅持下去，而成功則容易繼續下去。但在林肯那裡這是個例外，他會利用種種挫折與失敗，來驅使他更上一層樓。因為他有鋼鐵般的毅力。他有一句話說得好：「你無法在天鵝絨上磨利剃刀。」

世界上沒有一樣東西可取代毅力。才幹也不可以。懷才不遇者比比皆是，一事無成的天才很普遍；教育也不可以。世上充滿了學無所用的人。只有毅力和決心無往不利。

當我們繼續邁向高峰時，我們必須記住：每一級階梯都會有足夠的時間供我們踩，然後再踏上更高一層，它不是供我們休息之用。我們在途中不免疲倦與灰心，但就像一個拳擊手所說的，你要再戰一回合才能得勝。碰到困難時，我們要再戰一回合。每一個人的內在都有無限的潛能，除非我們知道它在哪裡，並堅持用它，否則毫無價值。

偉大的機會不假外求，然而，我們得努力工作才能把握它。俗語說：「打鐵趁熱。」的確不錯。毅力與努

力都重要。每一個「不」的回答，都使我們愈來愈接近
「是」的回答。「黎明之前總是最黑暗」，這句話並非
口頭禪，我們努力工作發揮技巧與才能時，成功的一天
終會到來。

今天，我們在感激、讚美林肯總統的時候我們不能忘記的
是要用他一生的事蹟來激勵自己。即使這樣做了，我們頂天立
地的一天仍未到來，我們依然是個大贏家。因為我們已經有了
知識，也懂得面對人生，那是更大的成功。

愛你的父親

第*9*封
信念擁有不可思議的力量

・信念的大小，決定成就的大小。

・只要相信我們能夠成功，我們就會贏得成功。

・我從來不相信失敗是「成功之母」，
　我相信信心是「成功之父」。

親愛的約翰：

你說得很對，雄才大略的智慧可以創造奇蹟。然而，在現實之中創造奇蹟的人總是寥若晨星，而泛泛之流卻連連輩出。

耐人尋味的是，人人都想要大有所為。每一個人都想要獲得一些最美好的東西。每一個人都不喜歡巴結別人，過著平庸的日子，也沒有人喜歡覺得自己是二流人物，或覺得自己是被迫進入這種境況的。

難道我們沒有雄才大略的智慧嗎？不！最實用的成功智慧早已寫在《聖經》之中，那就是「堅定不移的信心足可移山」。可為什麼還有那麼多失敗者呢？我想那是因為真正相信自己能夠移山的人不多，結果，真正做到的人也不多。

絕大多數的人都視那句聖言是極為荒謬的想法，認為那是根本不可能的。我以為這些不會得救的人，犯了一個常識性的錯誤，他們錯把信心當成了「希望」。不錯，我們無法用「希望」移動一座高山，無法靠「希望」取得勝利或平步青雲，也不能靠希望而擁有財富和地位。

但是，信心的力量卻能幫助我們移動一座山，換句話說，

只要相信我們能成功。你也許認為我將信心的威力神奇或神秘化了，不！信心產生相信「我確實能做到」的態度，相信「我確實能做到」的態度，能產生創造成所必備的能力、技巧與精力。每當你相信「我能做到」時，自然就會想出「如何解決」的方法，成功就誕生在成功解決問題之中。這就是信心發威的過程。

　　每一個人都「希望」有一天能登上最高階層，享受隨之而來的成功果實。但是他們絕大多數偏偏都不具備必需的信心與決心，他們也便無法達到頂點。也因為他們相信達不到，以致找不到登上巔峰的途徑，他們的作為也就一直停留在一般人的水平。

　　但是，有少部分人真的相信他們總有一天會成功。他們抱著「我就要登上巔峰」的心態來進行各項工作，並且憑著堅強的信心而達到目標。我以為我就是他們其中的一員。當我還是一個窮小子的時候，我就自信我一定會成為天下最富有的人，強烈的自信激勵我想出各種可行的計畫、方法、手段和技巧，一步步攀上了石油王國的頂峰。

　　我從不相信失敗是「成功之母」，我相信信心是「成功之父」。勝利是一種習慣，失敗也是一種習慣。如果想成功，就得取得持續性的勝利。我不喜歡取得一時的勝利，我要的是持續性的勝利，只有這樣我才能成為強者。信心激發了我成功的動力。

　　相信會有偉大的結果，是所有偉大的事業、書籍、劇本，以及科學新知背後的動力。相信會成功，是已經成功的人所擁有的一項基本而絕對必備的要素。但失敗者慷慨地丟掉了這些──相信。

　　我曾與許多在生意場中失敗過的人談話，聽過無數失敗的理由與藉口。這些失敗者在說話的時候，時常會在無意中說：「老實說，我並不以為它會行得通。」「我在開始進行之前就感到不安了。」「事實上，我對這件事情的失敗並不會太驚奇。」

　　採取「我暫且試試看，但我想還是不會有什麼結果」的態度，最後一定會招致失敗。「不信」是消極的力量。當你心中不以為然或產生懷疑時，你就會想出各種理由來支持你的「不信」。懷疑、不信、潛意識要失敗的傾向，以及不是很想成

功，都是失敗的主因。心中存疑，就會失敗。相信會勝利，就必定成功。

　　信念的大小，決定成就的大小。庸庸碌碌、過一天算一天的人，自認為做不了什麼事，所以他們僅能得到很少的報酬。他們相信不能做出偉大的事情，他們就真的不能。他們認為自己很不重要，他們所做的每一件事都顯得無足輕重。

　　久而久之，連他們的言行舉止也會表現得缺乏自信。如果他們不能將自信抬高，他們就能在自我評估中畏縮，變得愈來愈渺小。而且他們怎麼看待自己，也會使別人怎看待他們，這種人於是在眾人的眼光下又會變得更渺小。

　　那些積極向前的人，肯定自己有更大的價值，他就能得到很高的報酬。他相信他能處理艱巨的任務，真的就能做到。他所做的每一件事情，他的待人接物，他的個性、想法和見解，都顯示出他是專家，他是一位不可或缺的重要人物。

　　　照亮我的道路，不斷給我勇氣，讓我愉快正視生活的理想的，就是信心。在任何時候，我都不忘增強信心能力。我用成功的信念取代失敗的念頭。當我面臨困境

時，想到的是「我會贏」，而不是「我可能會輸」。當我與人競爭時，我想到的是「我跟他們一樣好」，而不是「我無法跟他們相比」。機會出現時，我想到的是「我能做到」，而不是「我不能做到」。

每個人邁向成功的第一個步驟，也是不能漏掉的基本步驟，就是要相信自己，要相信自己一定能夠成功。要讓關鍵性的想法「我會成功」支配我們的各種思考過程。成功的信念會激發我信的心智創造出獲得成功的計畫。失敗的意念正好相反，使我們去想一些會導致失敗的念頭。

我常常提醒自己：你比你想像的還要好。成功的人並不是超人。成功不需要超人的智力，不是看運氣，也沒有什麼神秘之處。成功的人只是相信自己、肯定自己所作所為的平凡人。永遠不要、絕對不要廉價出售自己。

每個人都是他思想的產物，想的是小的目標，就可預期成果也是微小的。想到偉大的目標就會贏得重大的成功。而偉大的創意與大計畫通常比小的創意與計畫要來得容易，至少不會更困難。

那些能夠在商業、傳教、寫作、演戲，以及其他成就的追求上達到最高峰的人，都是因為能夠踏實、有恆地奉行一個自我發展與成長的計畫。這項訓練計畫會為他們帶來一系列的報酬：獲得家人更尊敬的報酬；獲得朋友與同事讚美的報酬；能覺得自己很有用的報酬；成為重要人物的報酬；收入增加、生活水準提高的報酬。

　　成功——成就——就是生命的最終目標。她需要我使用積極的思考去呵護。當然，在任何時候我想都不能讓信念出問題。

愛你的父親

第10封
利益是光，
會照出人性的弱點

・我可以欺騙敵人，但決不欺騙自己。

・挺身回擊正在射殺我的敵人，永遠不會讓我良心
　不安。

・在謀利的遊戲之中，今天的朋友也會變成明天的
　敵人。

・命運給予我們的不是失望之酒，而是機會之杯。

親愛的約翰：

心情好一點了嗎？

如果還沒有，我想，你需要瞭解點什麼。

　　你需要知道，在這個世界上，絕大多數的人都不免受一種特殊力量的驅使，這種力量可以輕而易舉地剝落緊裹我們人性的外衣，將我們完全裸露在陽光下，並公正地將我們圈定在純潔與骯髒的圖版上，以致讓我們所有的辯護都變得蒼白無力，無論我們多麼伶牙利齒，它就是檢驗我們人性的試金石──利益。

　　換句話說，利益是光會照出人性的弱點，在它面前，一切與道德、倫理有關的本質都將現形，且會讓人一覽無餘。也許你會認為我的話有些偏見，但我以往的種種經歷，就是這樣告訴我！

　　我不是人類史學家，我不知道他們將對人之所以高尚與醜惡做出何種解釋，但我的人生歷程讓我堅信：利益似乎無堅不摧，它可以把本可彼此平靜度日的人、種族、國家，拉將在一起，彼此爾虞我詐，刺刀見紅。在那些騙局、陷阱乃至誹謗、污蔑和詆毀，以及殘酷無情的血腥爭鬥和強盜式的掠奪中，你

都會發現追逐利益的影子。在這個意義上，與其說我們是自己心靈的主人，倒不如說我們是利益的奴隸更準確。

　　我可以斷言，在這個世界上，除去神，沒有不追逐利益的人。自你走入人與人往來的那一刻起，一場曠日持久的人生謀利遊戲就開始了。在這場遊戲中，人人都是你的敵人，包括你自己，你需要與自己的弱點對抗，並與所有將快樂建築在你痛苦之上的惡行而戰。所以，當我看破這一切之後，我一直堅守著一個原則：我可以欺騙敵人，但決不欺騙自己。回擊正在射殺我的敵人，永遠不會讓我的良心不安。

　　兒子，請不要誤會我，我無意要將我們這個世界塗上一層令人壓抑、窒息的灰色；事實上，我渴望友誼、真誠、善良和一切能滋潤我心靈的美好情感，我也相信它們一定存在。然而，很遺憾，在追名逐利的商場中，我難以得到這種滿足，卻要經常遭遇出賣和欺騙的打擊。直到今天，我還能清晰地記得數次被騙的經歷，那才叫刻骨銘心吶。

　　最令我痛心的一次被騙發生在克利夫蘭。當時煉油業因生產過剩幾乎無利可圖，很多煉油商已經跌落到破產的邊緣。還有，克利夫蘭遠離油田，這就意味著與那些處在油田的煉油廠相比，我們因要付出高昂的長途運輸費用而使自己外於不平等

的地位。我決心改變它,要大規模收購在死亡線上掙扎的煉油廠,形成合力、統一行動,讓每個人的錢包都鼓起來。

我告訴那些瀕臨倒閉的煉油廠主,我們在克利夫蘭處於不利地位,為共同保護自己,我們必須要做些什麼。我認為我的計畫很好,請認真想一想。如果你感興趣,我們會很高興與你共同磋商。也由於善良的願望和戰略上和考慮,我買下了許多毫無價值的工廠,它們就像陳舊的垃圾,只配扔到廢鐵堆裡。

但有些人竟然如此邪惡、自私和忘恩負義,他們拿到我的錢後便與我為敵,肆無忌憚地撕毀與我達成的協議,捲土重來,用廢鐵變成金子的錢購置設備,重操舊業,並公開敲詐我,要我買下他們的工廠。這些人都曾要求我誠實,讓我出個好價錢收購他們癱瘓的工廠,我做到了,然而,結果卻令人痛心。在那一刻我的心情糟透了,我甚至自責我不該誠實,不該太善良,否則我也不會落到四面楚歌、一籌莫展的境地。

最令我不可接受的,是在謀利遊戲中,今天的朋友會變成明天的敵人。這種情形常有發生,我的兩位教友就曾無節制地多次矇騙我。看在上帝的份上,我不想歷數他們的罪惡。但我可以告訴你,當我知道我一直被他們欺騙的時候,我震驚了,我不明白與我一同禱告、虔誠地發誓要摒棄驕傲、縱欲和貪婪

之心的人，何以如此卑鄙！

　　歷經種種欺騙與謊言，我無奈地告訴自己：你只能相信自己，只有如此，你才不會被人矇騙。我知道這種略帶敵意的心態不好，但這個世界有太多太多的欺騙，提防是我們不可或缺的生存技能。

　　跟混蛋打交道，會讓你變得聰明。那些邪惡的「老師」教會了我許多東西，如果現在誰要想欺騙我，我估計會比翻越科羅拉多大峽谷還要難，因為那些魔鬼幫我建立了一套與人打交道的法則，我想這套法則對你會有所幫助：

　　我只有在對自己有利無害的情況下，才表現自己的感情；我可以讓對手教導我，但我永遠不教導對手，無論我對那件事瞭解有多深；凡事三思而決，不管別人如何催促，如果不考慮周全決不行動；我有自己的真理，只對自己負責；小心那些要求我以誠相待的人，他們是想在我這裡撈到好處。

　　我知道，欺騙只是謀利遊戲中的策略，並不能解決問題。但我更知道，謀利遊戲在夜以繼日地進行，所以，我必須從早

到晚保持警惕並且明白：在這場遊戲中，人人都是敵人，因為每個人都先顧及自己的利益，不管是否對他人有利。重要的是如何保護自己，並隨時隨地地備戰。

　　兒子，命運給予我們的不是失望之酒，而是機會之杯。振作起來！發生在華爾街的那件事，並沒有什麼了不得，那只是你太相信別人而已。不過，你要知道，好馬是不會在同一個地方跌倒兩次的。

愛你的父親

第11封
貪心大有必要

‧讓每一個念頭，都服從於利益動機。

‧我是我生命的重心，我決定什麼適合我。

‧命運要由自己去開創，
　真心希望的東西一定要想方設法去得到。

親愛的約翰：

不要理會那些說我貪心的人。

多少年來，我都在享受著這個在別人看來似乎並不太美妙的恭維——貪心。

這份對我特別的恭維，最早出現在我的事業如日中天之時，那時洛克菲勒的名字已不再僅僅是代表一個人的符號，而是財富的象徵，一個龐大的商業帝國的象徵。

我記得當時有很多人、很多報紙都加入了如此「恭維」我的行列。但這樣的恭維並沒有讓我的心跳加快，儘管我知道這樣的恭維無非是要詆毀我，無非是要為我創建的商業帝國刷上一層令人生厭的銅臭味。

但我知道，在人的本性中早就潛藏著一種力量，一種缺少能力與意志的力量，那就是——嫉妒。

當你超越了他們的時候，他們就會嫉恨你，就會用帶有貶義的字眼來數落你、指責你，甚至編造謊言的手法來詆毀你，同時在你面前還要表現得非常高傲——在我看來，那並非是高傲，它恰恰是虛弱。有意思的是，當你遠不如他們，生活得潦倒不堪時，他們又會譏笑你，譏笑你無能、愚蠢，甚至會把你貶低得沒有任何做人的尊嚴。這就是人之本性！

上帝沒有賦予我改變人類本性的使命，我也沒有閒心去阻止某些人要「恭維」我貪心，我所能做的就是讓嫉妒我的人繼續嫉妒！儘管我知道，如果我能將我所創造的財富讓那些做如此恭維我的人帶走，他們也將帶走那份恭維，但我不能！我相信，除非中了什麼魔法，任何人都不能！

紳士永遠不會與無知者爭辯，我當然不會同那些「恭維」我貪心的人論戰，但我抑制不住蔑視他們的無知情緒。冷靜地回溯歷史，檢視人類的腳印，我們就能得出這樣的結論：沒有一個社會不是建立在貪心之上。那些要詆毀我的人，看似道德的守望者，他們有誰不想獨佔自己擁有的東西？有誰不想掌控所有好的東西？有誰不想控制每個人都需要的一切？虛偽的人總是那些多。

世上沒有不貪心的人。如果你有一粒橄欖，你就會想擁有一整顆的橄欖樹。我行走於人世已將近八十年，我見過不吃牛排的人，卻沒有見過一個不貪心的人，尤其是在商界，功利、拜金的背後只印著一個單詞，那就是「貪心」。我相信，在未來不貪心的人仍將是地球上的稀有物。誰會停止對美好事物的追求和佔有呢！

　　阿奇博爾德先生說我是能夠嗅到終點線味道的賽馬，一但那樣我便會開始衝刺。我知道這多少有點奉承我的味道，但在我心裡，我的確早就給貪心留好了位置。

　　在我讀商業學校時，我的一位老師說過一句──讓我終生難忘的話，這句話可以說改變了我的命運，他說：「貪心沒有什麼不好，我認為貪心是件好事，人人都可以貪心。從貪心開始，人類才會有希望！」

　　當我的老師在講壇上喊出這番極其煽動和刺激性的話語時，台下的同學們為之譁然。因為只要想一想「貪心」的意義，就知道這個字眼完全違背大多數人從小習得的道德觀念，這種道德觀融於宗教、社會、倫理、政治和法律等各個層面，它所具有的尺規般的作用，無疑要給這個字眼打上骯髒的烙印。

　　但當我走向社會、踏上創造財富之旅後，我才深深地體認到，那份學費花得真是值得，我老師的主張相當具有洞見。就像那些演說家所告訴我們的那樣，自然界不是仁慈、無私的地方，而是強者為王、適者生存的天地，我們這個所謂的文明社會也同樣如此。如果你不貪心，或許你就會被別人貪掉，畢竟可口的甜點不是很多。

如果你要想創造財富成就，創造非凡的人生，我的感受，已不是「貪心是件好事」罷了，而是貪心是大有其必要的！

貪心的潛臺詞，就是我要，我要的更多，獨佔才好！有誰不曾在心底做此吶喊？為政者會說，我要掌權，我要由州長再做總統。經商者會說，我要賺錢，我要賺更多的錢。為人父母者會說，我希望我的兒子能有所成就，永遠過著富足、幸福的生活。諸如此類，不一而足。只是囿於道德、尊嚴，顧及臉面，人們才將貪心緊緊地遮掩起來，才使得貪心成為禁忌的觀念。

事實上，只要追逐名利的世界一天不被毀滅，只要幸福一天不變得像空氣那樣唾手可得，人類就一天不能停止貪心。

那些愛扒糞的人，總視貪心為惡魔。但在我看來，打開我們貪心之鎖，並不同於打開潘朵拉盒子，釋放出無時無刻有在跳動的貪心，就等於釋放出了我們生命的潛能。我由一個週薪只有五美元的簿記員到今天美國最富有的人，是貪心讓我實現

了這個奇蹟。貪心是推動我創造財富的力量，正如它是推動社會演進的強大動力一樣。

在我使用「貪心」一詞時，你或許希望我把它換成抱負。不，我們都處在一個貪心的世界之中，我認為使用貪心較使用抱負更純樸。純樸是靈魂中一種正直無私的素質，它與真誠不同，比真誠更高尚。

在與山姆・安德魯斯先生合辦石油公司之初，我的貪心就在膨脹，每天晚上在睡覺前，我都在忠告自己：我要成為克利夫蘭最大的煉油商，讓流淌的油溪化成一捆捆的鈔票，我要讓每一個念頭都服從於利益動機，幫我成為石油之王。在最初的那段日子裡，我事必躬親，終日勞碌。我指揮煉油，組織鐵路運輸，苦思冥想如何節省成本，如何擴大石油副產品市場。我永遠忘不了那段讓我忍饑挨餓、夜以繼日奔波在外的日子。

我的兒子，命運要由自己去開創，真心希望的東西一定要想方設法去得到。成功與失敗的間距並不像人們想像的那麼在僅僅是「一念之間」而已，那就是看誰有強烈的貪心，誰具有這種力量，誰就能煥發並施展出自己的全部力量，盡力而為，超越自己。我每一個前進的

步伐都能讓我感受到貪心的力量！貪心不僅能讓一個人的能力發揮到極致，也逼得他獻出一切，排除所有障礙，全速前進。

很多人都曾問我同一個問題：「洛克菲勒先生，是什麼支持你走上了財富之顛？」我不能表露真實心聲，因為貪心為人們所不齒。然而，事實是支撐我成為一代巨富的支架，就是我喚起了我的貪心，更膨脹了我的貪心。

每個人的內心都深藏著一顆活潑、靈敏、有力量的貪心。但你必須熱愛她，告訴自己我要貪心，叮囑自己我要，我要的更多，她才會出來玩耍，助你成功。

沒有任何力量可以阻止我貪心，因為我追求成功。貪心之下實現的成功並非罪惡，成功是一種高尚的追求，如果能以高尚的行為去獲得成功，對人類的貢獻會遠比貧困時所能做的更多，我做到了！

看一看，今天我們所做的善舉吧，將巨額財富投向教育、醫學、教會和那些窮困的人，絕不是我一時心血來潮的個人施捨，那是一項偉大的慈善事業，世界正因為我的成功而變得美

好。看來貪心很不錯，更不是罪惡！

　　就此而言，如果那些說我貪心的人不是出於詆毀我的目的，我會欣然接受他們對我做出的如此評判。

　　約翰，我是自己生命的重心，我決定什麼適合我，所以我不在乎那些人說什麼，我的心依然安寧。在有些人那裡我似乎永遠都是一個動機卑鄙的商人，即使我投資於惠澤民眾的慈善事業，也會被他們視為一種詭計，懷疑我有追逐私利的動機，而絲毫看不到我無私的公益精神，更有甚者說我如此樂善好施是為什麼贖罪，這真是滑稽。

　　我想非常真誠地告訴你，你的父親永遠不會讓你感到羞愧，裝在我口袋裡的每一分錢都是乾淨的，我之所以成為富人，是我超群的心智和強烈的事業心得到的回報。我堅信上帝賞罰分明，我的錢是上帝賜予的。而我所以能一直財源滾滾，如有天助，這是因為上帝知道我會把錢返還給社會，造福我的同胞。

　　到我該去讀《聖經》的時間了。今晚的夜色真美，每顆明亮的星星都似乎在說：「幹得好！約翰。」

　　　　　　　　　　　　　　　　　　　　愛你的父親

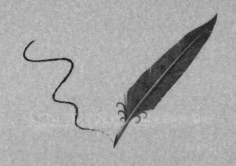

第12封
地獄裡住滿了好人

・事實上，我不喜歡錢，我喜歡的是賺錢，
　我喜歡的是勝利時刻的那種美好感覺！
・我喜歡勝利，但我不喜歡為了追求勝利而不擇
　手段。

親愛的約翰：

今天，在去打高爾夫的路上，我遇到了久違的挑戰：一個年輕人開著他那部時髦的雪佛蘭很神氣地超過了我的車子。他刺激了我這個老頭子好勝的本性，結果他只能看我的車屁股了。這讓我很高興，就像我在商場上戰勝我的對手一樣的高興。

約翰，好勝是我永不磨損的天性，所以我說那些譴責我貪慾永無止境的人都錯了。事實上，我不喜歡錢，我喜歡的是賺錢，我喜歡的是勝利時刻的那種美好感覺！

當然，讓別人輸掉的感覺有時會觸動我的惻隱之心，但是，經商是一場嚴酷的競爭，沒有什麼東西比決心迫使別人出局更無情的了，可是你只能想方設法戰勝對手，才能避免失敗的悲慘命運。有競爭出現的地方，都是這樣。

不可否認，想要成功，幾乎多多少少都得犧牲別人。然而，如果你追求勝利，希望贏得勝利，就必須抗拒同情別人之類的念頭，不能只想當好人，不能保留實力，不能逃避或延後讓對手出局。要知道，地獄裡住滿好人，失敗的痛苦是商戰的一部分，我們彼此都在扼殺對手，沒有競爭奮鬥到底的決心，就只有做失敗者的資格。

坦率地說，我不喜歡競爭，但我努力競爭。每當遇到強勁

的對手時，我心中競爭好勝的本性就會燃燒，而當它熄滅時，我收穫的是勝利和快樂。波茨先生就曾為我帶來這種快感，而且非常巨大。

與波茨先生開戰，緣於我的一個錯誤，一個因好心而釀成的錯誤。在七十年代，石油都集中在賓州西北部一個不大的地方，如果在那裡建設一張輸油管道網路，將個個油井連線起來，我只需要藉助一個閥門，便可以控制整個油區的開採量，從而徹底獨霸這一行業。可是我擔心，用管道長途運輸會引起與我合作的鐵路公司的不安與恐懼，所以為維護他們的利益，我一直沒有啟動鋪設輸油管道的計畫，更何況他們都曾幫助過我。

但是，那個曾經耍過我、又與我妥協了的賓州鐵路公司卻野心勃勃，他們努力想取代我，要將煉油業徹底置於他們的掌控之中。他們把油區兩條最大的輸油管道併入了自己的鐵路網路，要以此卡住我們的脖子。而肩負完成這一使命的人，就是賓州鐵路的子公司帝國運輸公司的總裁波茨先生。

如果坐視對手，哪怕是潛在的對手的實力不斷增強，都是在削弱自己的力量，甚至會顛覆自己的地位，我可沒那麼愚蠢。我的信念是搶在別人之前達到目的。我迅速啟用精明強幹的奧戴先生組建了美國運輸公司，與帝國公司展開了一場自衛

反擊戰。感謝上帝，我們的努力獲得了應有的回報，不出一年，我們控制了油區四成的石油運輸業務，壓制住了波茨先生的進攻。但這只是我與波茨先生較量的開始。

在這個世界上能出人頭地的人，都是那些懂得去尋找自己理想環境的人，如果他們不能如願，就會自己創造出來。

兩年後，在賓州布拉德福又發現了一個新油田，奧戴先生迅速帶領他的人撲向那個激起千萬人發財夢想的地方，不分晝夜把輸油管道鋪向新油井。但油田的那幫傢伙個個都很瘋狂，毫無節制，恨不得一夜之間就把油全部採光，然後面帶喜悅揣著鈔票走人。所以，不管奧戴他們怎麼努力，都無法滿足運輸和儲存石油的需要。

我不想看到辛辛苦苦的採油商們自掘墳墓，毀滅自己，我請奧戴警告採油商，他們的開採能力已經遠遠超過了我們的運輸能力，他們必須縮減生產量，否則，他們開採出來的黑金就將變成一文不值的黑土。但沒有人接受我們的好意和忠告，更沒有人欣賞我們的努力，反來聲討我們，說竟敢不運走他們的石油。

就在布拉德福的採油商們情緒激動到頂點的時候，波茨先生動手了。他先在我們的煉油基地紐約、費城、匹茲堡向我示威，收購我們競爭對手的煉油廠；接著，又開始在布拉德福搶

190　第12封　地獄裡住滿了好人

占地盤，鋪設輸油管道，要將布拉福德的原油運到自己的煉油廠。

　　我很欣賞波茨先生的膽量，更願意接受他欲想動搖我在煉油業統治地位而發起的挑戰，但我必須將他趕出煉油行業。於是，我去拜會了賓州鐵路公司的大老闆斯科特先生，我直言不諱地告訴他，波茨先生是個偷獵者，他正在闖入我們的領地，我們必須讓他停下來。但斯科特非常固執，決心讓波茨的強盜行為繼續下去。我沒有選擇，我只能向這個強大的敵人應戰了。

　　首先，我們終止了與賓鐵的全部業務往來，我指示部屬將運輸業務轉給一直堅定地支持我們的兩大鐵路公司，並要求他們降低運費，與賓鐵競爭，削弱它的力量；同時命令關閉依賴於帝國公司運輸的在匹茲堡的所有煉油廠；隨後指示所有處於與帝國公司競爭的我方煉油廠，以遠遠低於對方的價格出售成品油。賓鐵是全美最大的運輸公司，斯科特先生是握有運輸大權的巨頭，他們以從未被征服為榮。但在我立體、壓迫式的打法下，他們只有臣服。

　　為與我對抗，他們忍痛給予我們競爭對手巨額折扣，換句話說，他們為別人服務還要付給別人錢。接著他們使出了不得人心的一招──裁減雇員、削減工資。

　　斯科特和波茨沒有想到，這很快招致了懲罰，憤怒的工人們為發洩不滿，一把大火燒了他們幾百輛油罐車和一百多輛機車，逼得他們只得向華爾街銀行家們緊急貸款。結果，當年賓鐵的股東們非但沒有分得紅利，而且股票價格一落千丈。他們與我決鬥的結果，就是他們的口袋越來越乾淨了。

　　波茨先生不愧是個軍人，在你死我活的硝煙中拼出了上校的軍階，有著令人欽佩的不屈不饒的意志力，所以，在已經分勝負的情況下，他還想繼續同我戰鬥下去。但同樣有著軍旅生涯的斯科特先生，儘管此前曾是最有統治欲、最獨裁的實力派人物，但他更懂得什麼叫識時務，他果斷地低下了他不可一世的腦袋，派人告訴我，非常希望講和，停止煉油業務。

　　我知道，波茨上校想要證明自己是一個是非曲直的偉大摩西，可惜他失敗了，他徹底失敗了。幾年後，波茨放棄了與我對抗的欲望，成為了我屬下一個公司積極勤奮的董事。這個精明又滑得像油一樣的油商！

　　傲慢通常會讓人垮臺。斯科特和波茨之流自以為出身高貴，一直目空一切，所以，成功馴服這些傲慢的驢子，我的心都在跳舞呢！

約翰，我喜歡勝利，但我不喜歡為追求勝利而不擇手段。不計代價獲得的勝利不是勝利，醜惡的競爭手段讓人厭惡，那等於是畫地為牢，可能永遠無法超越，即使贏得一場勝利，也可能失去以後再獲勝的機會。

　　而循規蹈矩不表示必須降低追求勝利的決心，卻表示用合乎道德的方式去贏得明確的勝利，也表示在這種限制下，全力公平、無情的追求勝利。我希望你能做到這一點。

愛你的父親

第13封
天下沒有白吃的午餐

・你否定了他的尊嚴，你就搶走了他的命運。

・智慧之書的第一章，也是最後一章，
　就是──天下沒有白吃的午餐。

・一個人活著，必須在自身和外界創造足以
　使生命和死亡有點尊嚴的東西。

親愛的約翰：

我已經注意到那條指責我吝嗇，說我捐款不夠多的新聞了，這沒什麼。我被那些不明就理的記者罵得夠多了，我已經習慣了他們的無知與苛刻。我回應他們的方式只有一個：保持沉默、不加辯解，而無論他們如何口誅筆伐。因為我清楚自己的想法，我堅信自己站在正確的一方。

每個人都需要走自己的路，重要的是要問心無愧。有一個故事或許能夠解釋，我很少理會那些乞求我出錢來解決他們個人問題的理由，更能解釋讓我出錢比讓我賺錢更令我緊張的原因。

這個故事是這樣說的——

　　有一家農戶，圈養了幾頭豬。一天，主人忘記關圈門，便給了那幾頭豬逃跑的機會。經過幾代以後，這些豬變得越來越兇悍以至開始威脅經過那裡的行人。幾位經驗豐富的獵人聞聽此事，很想為民除害捕獲它們。但是，這些豬卻很狡猾，從不上當。

（約翰，當豬開始獨立的時候，都會變得強悍和聰明。）

有一天，一個老人趕著一頭拖著兩輪車的驢子，車上拉著許多木材和糧食，走進了「野豬」出沒的村莊。當地居民很好奇，就走向前問那個老人：「你從那裡來，要幹什麼去呀？」老人告訴他們：「我來幫助你們抓野豬呵！」眾鄉民一聽就嘲笑他：「別逗了，連好獵人都做不到的事你怎麼可能做到。」

　　但是，兩個月以後，老人回來告訴那個村子的村民，說了句——野豬已被他關在山頂上的圍欄裡了。

　　村民們再次驚訝，追問那個老人：「真不可思議，你是怎麼抓住它們的？」

　　老人解釋說：「首先，就是去找野豬經常出來吃東西的地方。然後我就在空地中間放一些糧食作陷阱的誘餌。那些聰明的豬起初嚇了一跳，最後還是好奇地跑過來，聞糧食的味道。很快就有一隻老野豬過來吃了第一口，其他野豬也跟著吃起來。這時我知道，我肯定能抓到它們了。

　　「第二天，我又多加了一點糧食，並在幾尺遠的地方樹起一塊木板。那塊木板像幽靈般暫時嚇退了它們，但是那白吃的午餐很有誘惑力！所以，不久他們又跑回來繼續大吃起來。當時野豬並不知道它們已經是我的

了。此後我要做的只是每天在糧食周圍多豎起幾塊木板，直到我的陷阱完成為止。

「然後，我挖了一個坑，也立起了第一根角樁。每次我加進一些東西，它們就會遠離一些時間，但最後都會再來吃免費的午餐。圍欄造好了，陷阱的門也準備好了，而不勞而獲的習慣使它們毫無顧慮的走進圍欄。這時我就出其不意地收起了陷阱，那些白吃午餐的豬，就被我輕而易舉地抓到了。」

這個故事的寓意很簡單，一隻動物要靠人類供給食物時，它的機智就會被取走，接著它就麻煩了。同樣的情形也適用於人類，如果你想使一個人殘廢，只要給他一對拐杖再等上幾個月就能達到目的；換句話說，如果在一定時間內你給一個人免費的午餐，他就會養成不勞而獲的習慣。別忘了，每個人在娘胎裡就開始有被「照顧」的需求了。

是的，我一直鼓勵你要幫助別人，但是就像我經常告訴你的那樣，如果你給一個人一條魚，你只能供養他一天，但是你教他捕魚的本領，就等於供養他一生。這個關於捕魚的老話很有意義。

在我看來，資助金錢是一種錯誤的幫助，它會使一個人失

去節儉、勤奮的動力，而變得懶惰、不思進取、沒有責任感。更為重要的是，當你施捨一個人時，你就否定了他尊嚴，你否定了他的尊嚴，你就搶走了他的命運，這在我看來是極不道德的。作為富人，我有責任成為造福於人類的使者，卻不能成為製造懶漢的始作俑者。

任何一個人一旦養成習慣，不管是好或壞，習慣就一直佔有了他。白吃午餐的習慣不會使一個人步向坦途，只能使他失去贏的機會。而勤奮工作卻是惟一可靠的出路，工作是我們享受成功所付的代價，財富與幸福要靠努力工作才能得到。

在很久很久以前，一位聰明的老國王，想編寫一本智慧錄，以饗後世子孫。一天，老國王將他聰明的臣子召集來，說：「沒有智慧的頭腦，就像沒有蠟燭的燈籠，我要你們編寫一本各個時代的智慧錄，去照亮子孫的前程。」

於是，這些聰明人領命離去後，工作很長一段時間，最後完成了一本堂堂十二卷的巨作，並驕傲的宣稱：「陛下，這是各個時代的智慧錄。」

老國王看了看，說：「各位先生，我確信這是各個時代的智慧結晶。但是，它太厚了，我擔心人們讀它會

不得要領。把它濃縮一下吧！」結果這些聰明人又費了一段很長的時間，幾經刪減，完成了一卷書。但是，老國王還是認為太長了，又命令他們再次濃縮。

這些聰明人把一本書濃縮為一章，然後減為一頁，再變為一段，最後則變成一句話。聰明的老國王看到這句話時，顯得很得意。

「各位先生，」他說：「這真是各個時代的智慧結晶，而且各地的人一旦知道這個真理，我們大部分的問題就都可以解決了。」這句話就是——「天下沒有白吃的午餐。」

智慧之書的第一章，也是最後一章，是天下沒有白吃的午餐。如果人們知道出人頭地，要以努力工作為代價，大部分人就會有所成就，同時也將使這個世界變得更美好。而白吃午餐的人，遲早會連本帶利付出代價。

一個人活著，必須在自身與外界創造足以使生命和死亡有點尊嚴的東西。

愛你的父親

第14封
做一個傻傻的聰明人

‧沒有不幸經歷的人，反而是一種不幸。

‧把一頭豬好好誇獎一番，它都能爬到樹上去。

‧自作聰明的人是傻瓜，懂得裝傻的人才是真聰明。

親愛的約翰：

明天，我要回老家克利夫蘭處理一些我們家族的事情。我希望在此期間，你能代我打理一些事務。但我提醒你，如果你遇到某些棘手或自己拿不定主意的事情，你要多向蓋茲先生請教。

蓋茲先生是我最得力的助手，他忠實真誠、直言不諱、盡職盡責，而且精明幹練，總能幫我做出明智的抉擇，我非常信任他，我相信他一定會對你大有幫助，前提是你要尊重他。

兒子，我知道你是布朗大學的優秀畢業生，你在經濟學與社會學方面的知識可謂優秀。但是，你應該清楚，知識原本是空的，除非把知識會付諸行動，否則什麼事都不會發生。而且，教科書上知識，幾乎都是那些老學究的知識匠人在象牙塔里閉門造車所編撰出來的，它難以幫你解決實際問題。

我希望你能去除對知識、學問的依賴心理，這是你走上人生坦途的關鍵。

你要知道，學問本身並不怎麼樣，學問必須加以活用，才能發揮作用，要成為能夠活用學問的人，你必須首先成為具有實行能力的人。

那麼實行能力從哪裡來呢？

在我看來它就潛藏在吃苦之中。

我的經驗告訴我，走過艱難之路——佈滿艱辛、不幸、失敗和困難的道路，不僅會鑄就我們堅強的性格，我們賴以成就大事的實行能力亦將應運而生。在苦難中向上下班攀爬的人，知道什麼叫千方百計地去尋找方法、手段，讓自己得救。處心積慮地去吃苦，是我篤信的成功信條之一。

也許你會譏諷我，認為沒有比想苦吃再傻的了。不！沒有不幸經歷的人，反而是一種不幸。很多事情都是來得快去得也快，那些實現了一夜成名、一夜暴富夢想的人們，有誰不是很快就銷聲匿跡了？吃苦所得到的，是將你的事業大廈建立在堅實的地面上，而不是流沙裡。人要有遠見，只有長時間的吃苦，才有長時間的收穫。

我相信你已經發現了，自你到我身邊工作以來，我並沒有給予你重擔去挑。但這並不表明我懷疑你的能力，我只是希望你善於做小事而已。

做好小事是做成大事的基石，如果你從一開始就高高在上，就無法體貼部屬的心情，也就不能真正地活用別人；在這個世界上要活下去、要創造成就，你必須借助於人力，即別人

力量，但你必須從做小事開始，才會瞭解當部屬的心情，等你有一天走上更高的職位，你就知道如何讓他們貢獻出全部的工作熱情了。

兒子，這世界上只有兩種頭腦聰明的人：一種是活用自己的聰明人。例如，藝術家、學者、演員；一種是活用別人的聰明人。例如，經營者、領導者。後一種人需要一種特殊的能力——抓住人心的能力。但很多領導者都是聰明的傻瓜，他們以為要抓住人心，就得依據由上而下的指揮方式。在我看來，這非但不能得到領導力，反而會降低很多。要知道，每個人對自己受到輕視都非常敏感，被看矮一截會喪失幹勁。這樣的領導者只會使部屬無能化。

把一頭豬好好地誇獎一番，它就能爬到樹上去。

善於驅使別人的經營者、領導者或大有作為的人，一向寬宏大量，他們懂得高看別人和讚美他人的藝術。這意味著他們要有感情的付出。而付出深厚的感情的領導者最終必贏得勝利，並獲得部屬更多敬重。

沒有知識的人終無大用，但有知識的人很可能成為知識的奴隸。每個人都需要知道，一切的知識都會轉化為先入為主的觀念，結果是形成一邊倒的保守心理，認為「我懂」、「我瞭解」、「社會本來就是這樣」。

有了「懂」的感覺，就會缺乏想要知道的興趣，沒有興趣就將喪失前進的動力，等待他的也只剩下百無聊賴了。這就是因為不懂才成功的道理。

但是，受自尊心、榮譽感的支配，很多有知識的人對「不懂」總是難以啟齒，好像向別人請教，表示自己不懂，是見不得人的事，甚至把無知當罪惡。這是自作聰明，這種人永遠都不會理解那句偉大的格言——每一次說不懂的機會，都會成為我們人生的轉折點。

自作聰明的人是傻瓜，懂得裝傻的人才是真聰明。如果把聰明視為可以撈到好處的標準，那我顯然不是一個傻瓜。

直到今天我都能清晰記得一次裝傻的情景，當時我正為如何籌借到一萬五千塊錢而大傷腦筋，走在大街上我都在苦思冥

想這個問題。說來有意思，正當我滿腦子閃動著借錢、借錢的念頭時，有位銀行家攔住了我的去路，他在馬車上低聲問我：「你想不想用五萬塊錢，洛克菲勒先生？」我交了好運嗎？我有點不相信自己的耳朵。但在那一瞬間我沒有表現出絲毫的急切，我看了看對方的臉，慢條斯理地告訴他：「是這樣……你能給我二十四小時考慮一下嗎？」結果，我以最有利於我的條件與他達成了借款的約定。

　　裝傻帶給你的好處很多很多。裝傻的含義，是擺低姿態，變得謙虛，換句話說，就是瞞住你的聰明。越是聰明的人越有裝傻的必要，因為就像那句格言所說的——越是成熟的稻子，越會垂下稻穗。

　　我料想得到，在我離開的日子裡，讓你獨當一面對你而言絕非易事，但這沒有什麼。「讓我等等再說」，是我在經商中始終奉行的格言。我做事總有一個習慣，在做決定之前，我總會冷靜地思考、判斷，但我一旦做出決定，就將義無反顧地執行到底。我相信你也能行。

愛你的父親

第15封
財富是勤奮的副產品

・我們的財富，是對我們勤奮的嘉獎。

・機會如同時間一樣，對每個人都是平等的。

・結束生命最快捷的方式，就是什麼也不做！

・我始終將退休看做是再一次的出發。

親愛的約翰：

很高興收到你的來信。在你的信中有兩句話很是讓我欣賞，一句是「你要不是贏家，你就是在自暴自棄」，一句是「勤奮出貴族」。這兩句話是我不折不扣的人生座右銘，如果不自謙的話，我願意說，它正是我人生的縮影。

那些不懷好意的報紙，在談到我創造的巨額財富時，常比喻我是一部很有天賦的賺錢機器，其實他們對我幾乎一無所知，更對歷史缺乏洞見。

作為移民，滿懷希望和勤奮努力是我們的天性。而我尚在孩童時期，母親就將節儉、自立、勤奮、守信和不懈的創業精神等美德，植入了我的骨髓。我真誠地篤信這些美德，將其視為偉大的成功信條，直到今天，在我的血液中依然流淌著這些偉大的信念。而所有的這一切結成了我向上攀爬的階梯，將我送上了財富之峯的頂端。

當然，那場改變美國人民命運與生活的戰爭，讓我獲益非淺，真誠地說，它將我造就成了令商界嘖嘖稱奇而又望而生畏的商業巨人。是的，南北戰爭給予了民眾前所未有的巨大商機，它把我提前變成了富人，為我在戰後掀起的搶奪機會的競技場上獲勝，提供了資本支持，以至後來才能財源滾滾。

機會如同時間一樣，對每個人都是平等的，為什麼我能抓住機會成為巨富，而很多人卻與機會擦肩而過、不得不與貧困為伍呢？難道真的像詆毀我的人所說，是因為我貪得無厭嗎？不！是勤奮！機會只留給勤奮的人！自我年少時，我就篤信一條成功法則：財富是意外之物，是勤奮工作的副產品。每個目標的達成都來自於勤奮的思考與勤奮的行動，實現財富夢想也依然如此。

　　我極為推崇「勤奮出貴族」這句話，它是讓我永生敬意的箴言。無論是過去還是現在，無論是在我們立足的北美、還是在遙遠的東方，那些享有地位、尊嚴、榮耀和財富的貴族，都有一顆永不停息的心，都有一雙堅強有力的臂膀，在他們身上都凸顯毅力也頑強意志的光芒。而正是這樣的品質或稱財富，讓他們成就了事業，贏得了尊崇，成為了頂天立地的人物。

　　約翰，在這個無限變幻的世界中，沒有永遠的貴族，也沒有永遠的窮人。就像你所知道的那樣，在我小的時候，我穿的是破衣爛衫，家境貧寒到要靠好心人來接濟。但今天我已擁有一個龐大的財富帝國，已將巨額財富注入到慈善事業之中。如同萬物盛衰，起伏變幻如同滄海桑田，生生不息。出身卑賤和家境貧寒的人，通過自己的勤奮工作、執著的追求和智慧，同樣能功成名就、出人頭地，成為新貴族。

　　一切尊貴和榮譽都必須靠自己去獲取，這樣尊貴和榮譽才能長久。但在今天的社會，富家子弟處在一種不進則退的情況中。不幸的是，他們很多都缺乏進取精神，卻好逸惡勞，揮霍無度，以至有很多人雖在富裕中長大，卻不免費在貧困中死去。所以，你要教導你的孩子，要想在與人生風浪的博擊中完善自己，成就自己，享受成功的喜悅，贏得社會的尊敬，高歌人生，只能憑自己的雙手去創造；要讓他們知道，榮譽的桂冠只會戴在那些勇於探索者的頭上；告訴他們，勤奮是為了自己，不是為了別人，他們是勤奮的最大受益者。

　　我自孩提時代就堅信，沒有辛勤的耕耘就不會有豐碩的確良收穫，作為貧民之子，除去靠勤奮獲得成功、贏得財富與尊嚴，別無他策。上學時，我不是一個一教就會的學生，但我不甘人後，所以我只能勤懇地準備功課，並能持之以恆。在我十歲時我就知道要盡我所能地多幹活，砍柴、擠奶、打水、耕種，我什麼都幹，而且從不惜力。正是農村艱苦而辛勞的歲月，磨練了我的意志，使我能夠承受日後創業的艱辛；也讓我變得更加堅忍不拔，它塑造了我堅強的自信心。

　　我知道，我之所以在以後身陷逆境時總能泰然處之，包括我的成功，在很大程度上都得益於我自小建立的自信心。

勤奮能修煉人的品質，更能培養人的能力。我受雇於休伊特・塔特爾公司時，就獲得了具備非同一般的能力和出眾的年輕簿記員的名聲。在那段日子裡，我可謂是終日披星戴月、夜以繼日。當時我的雇主就對我說，你一定會成功，以你這非凡的毅力。儘管我不明白將來會是什麼樣子，但只要用心去幹一件事，就絕對不會失敗。

　　今天，儘管我已年近七十，但我依然搏殺於商海之中，因為我知道，結束生命最快捷的方式，就是什麼也不做！人人都有權力選擇把退休當作開始或結束。那種無所事事的生活態度會使人中毒。我始終將退休看做是再一次的出發，我一天也沒有停止過奮鬥，因為我知道生命的真諦。

　　約翰，我今天的顯赫地位，巨額財富不過是我付出比常人多得多的勞動和創造換來的。我原本是普普通通的常人，原本沒有頭上的桂冠，但我以堅強的毅力、頑強的耕耘，孜孜以求，終於功成名就。我的名譽不是虛名，是血汗澆鑄的王冠，些許淺薄的嫉恨和無知的攻擊，對我都是不公平的。

　　我們的財富是對我們勤奮的嘉獎。讓我們堅定信念，認定目標，憑著對上帝意志的信心，繼續努力吧，我的兒子。

愛你的父親

第16封
藉口會把成功擋在門外

‧贏本身並不代表一切，努力去贏的精神才是最
　重要的。

‧藉口往往是失敗者的最後一根稻草。

‧一個人越是成功，越不會找藉口。

親愛的約翰：

斯科菲爾德船長又輸了，他輸得有些氣急敗壞！一怒之下，竟把他那支漂亮的高爾夫球杆扔上了天，結果他只得再買一支新球杆了。

坦率地說，我比較喜歡船長的性格，人生奮鬥的目標就是求勝，打球也是一樣。所以，我準備買個新球杆送給他，但願這不會被他認為是對他發脾氣的獎賞，否則他一發不可收拾，我可就慘了。

斯科菲爾德船長還有一個令人稱道的優點，儘管輸球會令他不高興，但他認為贏本身並不代表一切，而努力去贏的精神才是最重要的。所以在輸球之後，他從不找藉口。事實上，他可以以年齡太大、體力欠佳來解釋他輸球的理由，為自己討回顏面，但他從來不這樣做。

在我看來藉口是一種心理病，而染有這種嚴重病症的人，無一例外的都是失敗者，當然一般人也有一些輕微的症狀。但是，一個人越是成功，越不會找藉口，處處亨通的人，與那些沒有什麼作為的人之間最大的差異，就在於藉口。

只要稍加留意你就會發現，那些沒有任何作為，也不曾計畫要有番作為的人，經常會有一籮筐的藉口來解釋：為什麼他沒有做到，為什麼他不做，為什麼他不能做，為什麼他不是那

樣做的。失敗者為自己料理「後事」的第一個舉動，就是為自
己的失敗找出各種理由。

我鄙視那些善找藉口的人，因為那是懦弱者的行為，我也
同情那些善找藉口的人，因為藉口是製造失敗的病源。

一旦一個失敗者找出一種「好」的藉口，他就會抓
住不放，然後總是拿這個藉口對他自己和他人解釋：為
什麼他無法再做下去，為什麼他無法成功。起初，他還
能自知他的藉口多少是在撒謊，但是在不斷重複使用
後，他就會越來越相信那完全是真的，相信這個藉口就
是他無法成功的真正原因，結果他的大腦就開始怠惰、
僵化，讓努力想方設法要贏的動力化為零。但他們從不
願意承認自己是個愛找藉口的人。

偶爾，我見過有人站起來說：「我是靠自己的努力
而成功的。」到目前為止，我還未見過任何男人或女
人，敢於站起來說：「我是使自己失敗的人。」失敗者
都有一套失敗者的藉口，他們將失敗歸咎於家庭、性
格、年齡、環境、時間、膚色、宗教信仰、某個人乃至
星象，而最壞的藉口莫過於健康、才智以及運氣。

　　最常見的藉口，就是健康的藉口，一句「我的身體不好」或「我有這樣那樣的病痛」，就成了不去做或失敗的理由。事實上，沒有一個人是完全健康的，每個人多少都會有生理上的毛病。

　　很多人會完全或部分屈服於這種藉口，但是一心要成功的人則不然。蓋茨先生曾為我引薦過一位大學教授，他在一次旅行中不幸失去了一條手臂，但就像我所認識的每一個樂觀者一樣，他還是經常微笑，經常幫助別人。

　　那天，在談及他的殘障問題時，他告訴我：「那只是一條手臂而已，當然，兩個總比一個好。但是切除的只是我的手臂，我的心靈還是百分之百的完整也正常。我實在是要為此感謝。」

　　有句老話說得好：「我一直在為自己的破鞋子懊惱，直到我遇見一位沒有腳的人。」慶幸自己的健康比抱怨哪裡不舒服要好得多。為自己擁有的健康感謝，能有效地預防各種病痛與疾病。我經常提醒自己：累壞自己總比放著朽壞要好。生命是要我們來享受的，如果浪費光陰去擔憂自己的健康而真的想出病來，那才是真正的不幸。

「我不夠聰明」的藉口也很常見，幾乎有百分之九十五的人都有這種毛病，只是程度不同而已。這種藉口與眾不同，它通常默不做聲。人們不會公開承認自己缺少足夠聰明才智，多半是在自己內心深處這麼想。

我發現大多數對「才智」有兩種基本錯誤態度：太低估自己的腦力、以及和太高估別人的腦力。因為這些錯誤，使許多人輕視自己。他們不願面對挑戰，因為那需要相當的才智。認為自己愚蠢的人才是真正愚蠢的人，他們應該知道，如果有一個人根本不考慮才智的問題，而勇於一試，就能夠勝任得很好。

我認為真正重要的，不在於你有多少聰明才智，而是如何使用你已經擁有的聰明才智，要成為一個好的商人，不需要有閃電般的靈敏，不需要有非常驚人的記憶，也不需要在學校名列前茅，惟一的關鍵，就是對經商要有強烈的興趣和熱心。興趣和熱心是決定成敗的重要因素。

事情的結果往往與我們的熱心程度成正比。熱心能使事情

變好一百倍一千倍。很多人並不知道什麼叫熱心，所謂熱心就是「這是很了不起的！」那種熱情和幹勁而已。

　　我相信才智平平的人，如果有樂觀、積極與合作的處世態度，將會比一個才智傑出卻悲觀、消極也不合作的人，賺得更多的金錢，贏得更多的尊敬，並獲致更大的成功。一個人不論他面對的是煩瑣的小事、艱巨的任務還是重要的計畫，只要他執著熱忱地去完成，成果會遠勝於聰穎但是懶散的人。因為，專注與執著占了一個人百分之九十五的能力。

　　有些人總在呻吟感歎：為什麼很多非常出色的人物會失敗呢？我可以永遠不再讓他們歎息，如果一個絕頂聰明的人總在用他們驚人的腦力，去證明事情為什麼無法成功，而不是用去引導自己的心力支尋找邁向成功的各種方法，失敗的命運就會找上他們。消極的思想牽引他們的智力，使他們無法施展身手而一事無成。如果他們能改變心態，相信他們會做出許多偉大的事情。

　　　想成大事卻不懂得思考的大腦，也就是一桶廉價的糨糊（漿糊）而已。

引導我們發揮聰明才智的思考方式，遠比我們才智
的高低重要。即使是學歷再高也無法改變這項基本的成
功法則。天生的才智的教育程度不是業績好壞的確良原
因，而是在於思想管理。那些最好的商人從不杞人憂
天，而是富有熱忱。要改善天賦的素質絕非易事，但改
善運用天賦的方法卻很容易。

　　　　很多人都迷信所謂的知識就是力量。在我看來這句
話只說對了一半。拿才智不足當藉口的人，也是錯解了
這句話的意義。知識只是一種潛在的力量，只有將知識
付諸應用，而且是建設性地應用，才會顯出它的威力。

　　在標準石油公司永遠沒有活字典式的人物的位置，因為我
不需要只會記憶、不會思考的「專家」。我要的人是真正能夠
解決問題，能想出各種點子的人，是有夢想而且勇於實現夢想
的人。有創意的人能為我賺錢，只能記憶資料的人則不能。
　　一個不以才智為藉口的人，絕不低估自己的才智，也不高
估別人的才智。他專注運用自己的資產，發掘他擁有的優異才
能。他知道真正重要的不在他有多少才智，而在於他如何使用
現有的才智，和要善用自己的腦力。他會常常提醒自己：我的

心態比我的才智重要。他有要建立「我一定贏」的態度的強烈渴望。他知道要運用自己才智積極創造，用他的才智尋找成功的方法，而不是用來證明自己會失敗。他還知道思考力比記憶力更有價值，他要用自己的頭腦來創造、發展新觀念，尋找更好的做事新方法，隨時提醒自己：我是正在用我的心智創造歷史呢？或只是在記錄別人創造的歷史？

每一件事的發生必有原因，人類的遭遇也不可能碰巧發生。所以，有很多人總會把自己的失敗怪罪於運氣太壞，看到別人成功時，就認為那是因為他們運氣太好。我從不相信什麼運氣好壞，除非我認為精心籌備的計畫和行動也可以叫「運氣」。

如果由運氣決定誰該做什麼，每一種生意都會瓦解。假設標準石油公司要根據運氣來徹底進行改組，就要將公司所有職員的名字放入一個大桶裡，第一個被抽出的名就是總裁，第二個是副總裁，就這樣順序下去。很可笑吧？但這就是所謂運氣的功能。

我從不屈從運氣，我相信因果定律。看看那些似是好運當頭的人，你會發現並不是運氣使然，而是準備、計畫和積極的

思想為他們帶來美景。再看看那些「運氣不好」的人，你會發現背後都有明確的成因。成功者能面對挫折，從失敗中學習，再創契機。平庸者往往就此灰心喪志。

　　一個人不可能靠運氣而成功，而是要付出努力的代價。我不妄想靠運氣獲得勝利等等生命中的美好事物，所以我集中全力去發展自我，修煉出使自己變成「贏家」的各種特質。

　　藉口把絕大多數的人擋在了成功的大門之外，百分之九十九的失敗都是因為人們慣於找尋藉口。所以在追求事業成功的過程中，最重要的一個步驟即為：防止自己找藉口。

　　　　　　　　　　　　　　　　　　　　愛你的父親

第17封
每個人手中都握有成功種子

・我就是我自己最大的資本！

・我唯一的信念就是相信自己！

・每一個渴望成功的人都應該認識到，
　成功的種子就撒在你自己的身邊。

親愛的約翰：

昨天，就在昨天，我收到一個立志要成為富翁的年輕人的來信。他在信中懇請我回答一個問題：他缺少資本，他該如何去創業致富？

上帝呀，他是想讓我指明他生命的方向。可是教誨他人似乎不是我的專長，而我又無法拒絕他的誠懇，這真令人痛苦。但我還是回信告訴他，你需要資本，但你更需要知識。知識比金錢更重要。

對於一個要去創業的貧寒之子而言，他們常常苦惱於缺少資本。如果他們再恐懼失敗，他們就將猶疑不決，像蝸牛般緩慢行進，甚至止步於成功之路，而永無出人頭地之時，所以我在給那個年輕人的回信中特別提醒他：

「從貧窮通往富裕的道路永遠是暢通的，重要的是你要堅信：我就是我最大的資本。你要鍛煉信念，不停地探究遲疑的原因，直到信念取代了懷疑。你要知道，你自己不相信的事，你無法達成；信念是帶你前進的力量。」

每一個渴望成功的人都應該認識到，成功的種子就撒在他

自己身邊。只要認識到這一點，他就能獲得想要得到的東西。在信中我給那個年輕人講了一個阿拉伯人的故事，我相信這個故事定將惠澤他人，乃至所有的人——

從前有個波斯人，名叫阿爾‧哈菲德，住在印度河不遠的地方，他擁有一大片蘭花園、數百畝良田和繁盛的園林。他是個知足的人，而且十分富有——因為他很富有，所以他十分知足。

有一天，一位老僧人來拜訪他，坐在他的火爐邊跟他說：「你富有，你也生活得安逸，但是，你如果有滿滿一手鑽石，你就可以買下整個國家的土地。要是你能擁有一座鑽石礦，你就可以利用這筆巨富的影響力，把孩子送上王位。」

哈菲德聽了老僧人這番極具誘惑力的話之後，當天晚上上床時，他就變成了一個窮人——不是因為他失去了一切，而是他開始變得不滿足，他忽然覺得自己很窮；也因為他認為自己很窮，因此得不到滿足。他想：「我要一座鑽石礦。」所以，他整夜都難以入睡。第二天一大早，他就跑去找那位僧人。

老僧人一大早就被叫醒，顯得非常不高興。但哈菲

德完全不顧及這些，他滿不在乎地把老僧人從睡夢中搖醒之後，對他說：「你能告訴我什麼地方可以找到鑽石嗎？」

「鑽石？你要鑽石做什麼？」

「我呀！想要擁有龐大的財富，」哈菲德急吼吼地說，「但我不知道哪裡可以找到鑽石。」

「哦，」老僧人明白了，他說：「你只要在山裡面找到一條在白沙上穿流的河，就可以在沙子裡找到鑽石。」

「你真的認為有這樣一條河嗎？」

「多得很，多得很啊！只要你出去尋找，一定會找到。」

「我會的！」哈菲德說。

於是，他賣掉了農場，收回外面的放款，把房子交給鄰居看管，就開始出發尋找鑽石去了。

哈菲德先是去了月光山區尋找，而後到了巴勒斯坦，接著又跑到歐洲，最後他花光了身上所有的錢，變得一文不值。他如同乞丐般站在西班牙巴塞羅納海邊，看到一道巨浪越過赫丘力士石柱洶湧而來，這個歷經滄桑、痛苦萬分的可憐人，無法抵抗縱身一跳的誘惑，就

隨著浪花跌入大海，終結了一生。

在哈菲德死後不久，他的財產繼承人拉著駱駝去花園喝水，當駱駝把鼻子伸到花園那清澈見底的溪水中時，那個繼承人發現，在淺淺的溪底白沙中閃爍著奇異的光芒，他伸手下去，摸到一塊黑石頭，石頭上面有一處閃亮的地方，發出了彩虹般的色彩。

他將這塊怪異的石頭拿進屋子，放在壁爐的架子上，又繼續去忙他的工作，完全忘記了這件事。

幾天後，那個告訴哈菲德在哪裡能找到鑽石的老僧人來拜訪哈菲德的繼承人。他看到架子上的石頭發出的光芒，立即奔過去，驚訝地叫道：「啊！這是鑽石！這是鑽石啊！哈菲德回來了嗎？」

「沒有，他還沒有回來，而且那也不是鑽石，那不過是一塊石頭，是我在我家的後花園裡發現的。」

「年輕人，你發財了！我認識這種鑽石石礦的，這真的是鑽石！」

於是，他們一起奔向花園，用手捧起溪底的白沙，發現許多比第一顆更漂亮、更有價值的鑽石。

這就是人們發現印度戈爾康達鑽石礦的經過。那是人類歷

史上最大的鑽石礦，其價值遠遠超過南非的金百利。英王皇冠
上鑲嵌的庫伊努爾大鑽石，以及那顆鑲在俄皇王冠上的世界第
一大鑽石，都是採自那座鑽石礦。

　　約翰，每當我記憶起這個故事，我就不免為阿爾‧哈菲德
歎息，假如哈菲德能留在家鄉，挖掘自己的田地和花園，而不
是去異鄉尋找，他也就不會淪為乞丐，貧困挨餓，以至躍入大
海而亡。他本來就擁有遍地的鑽石。

　　並非每一個故事都具有意義，但這個阿拉伯人的故事卻給
我帶來了寶貴的人生教誨：你的鑽石不在遙遠的高山與大海之
間，如果你決心去挖掘，鑽石就在你家用後院。重要的是要真
誠地相信自己。

　　在這世上，每個人都有一定的理想，這種理想決定著他的
努力和判斷的方向。

　　就此意義而言，我以為，不相信自己的人就跟竊賊一樣，
因為任何一個不相信自己，而且未充分發揮本身能力的人，可
以說是向自己偷竊的人；而且在這過程中，由於創造力低落，
他也等於是從社會偷竊。由於沒有人全從他自己那裡故意偷
竊，那些向自己偷竊的人，顯然都是無意中偷竊了。然而，這

種罪狀仍很嚴重，因為其所造成的損失，跟故意偷竊一樣大。

只有戒除這種向自己偷竊的行為，我們才能爬向高峰。我希望那個渴望發財的年輕人，能思索出其中所蘊涵的教誨。

　　　　　　　　　　　　　　　　　　　　愛你的父親

第18封
我沒有當窮人的權利

・我應該是富翁，我沒有權利當窮人。
・要讓金錢當我的奴隸，
　而不能讓我當金錢的奴隸。
・手裡每多一分錢，就增加了一分決定未來命運
　的力量。

親愛的約翰：

在這世界上，有很多悲劇都因偏執和驕傲而引發，製造貧窮的人也是一樣。

許多年前，我在第五大道浸禮會教堂，曾偶遇一個叫漢森的年輕人，一個在節衣縮食中悲慘度日的小花匠。也許漢森先生自以為堅守貧窮是種美德，他擺出一幅品格高尚的樣子對我說：「洛克菲勒先生，我覺得我有責任同你討論一個問題：金錢是萬惡之源——這是《聖經》上說的。」

就在那一瞬間，我知道漢森先生為什麼與財富無緣了，他是在從對《聖經》的誤解中獲取人生教誨。但他卻渾然不覺。

我不希望讓這個可憐的年輕人在他心胸狹窄的沼澤中越陷越深，我告訴他：「年輕人，我從小就不斷接受各種基督教格言的薰陶，且以此作為自己的行為準則，我想你也是一樣。但我的記憶力似乎要比你好一些，你忘了，在那句話的前邊還有一個字——喜愛——『喜愛金錢是萬惡之源』。」

「你說什麼？」漢森的嘴巴大張著，好像要吞下一條鯨魚。真希望他賺錢的胃口能有那麼大。

「是的，年輕人，」我拍拍他的肩頭，說，「《聖經》根源於人類的尊嚴與愛，是對宇宙最高心靈的敬重，你可以毫不畏懼地引用裡面的話，並將生命託付給它。所以，當你直接引

用《聖經》的智慧時，你所引用的就是真理。『喜愛金錢是萬惡之源』。哦，正是如此。喜愛金錢只是崇拜的手段，並不是目的。如果你沒有手段，就無法達成目標，也就是說，他只知道當個守財奴，那麼金錢就是萬惡之源。」

「想想看，年輕人，」我提醒漢森，「如果你有了錢，你就可以惠及你的家人、朋友，給他們快樂、幸福的生活，更可惠及社會，拯救那些孤苦無助的窮人，那麼金錢就成了幸福之源。」

「年輕人，手裡每多一分錢，就增加了一分決定未來命運的力量，去賺錢吧，」我勸導他，「你不該讓那些偏執的觀念鎖住你有力的雙手，你應該花時間讓自己富裕起來，因為有了錢就有了力量。而紐約充滿了致富的機會，你應該致富，而且能夠致富。記住，年輕人，你雖是塵世間的匆匆過客，卻也要滑出一道人生的光亮。」

我不知道漢森能否接受我的規勸，如果不能，我會為他感到遺憾的，他看上去身體很結實，腦袋也還 OK。

我一直以為，每個人都應該花時間讓自己富裕起來。當然，有些東西確實比金錢更有價值。當我們看到一座落滿秋葉的墳墓時，就不免感到一種難以言喻的悲傷，因為我知道有些

東西的確比金錢崇高。尤其是那些受過苦難的人更能深深地體會到，有些東西比黃金更甜蜜、更尊貴、更神聖。然而，有常識的人都知道，那些東西沒有一樣不是用金錢來大幅提升的。金錢不一定萬能，但在我們這個世界，很多事情是離不開金錢的！

　　愛情是上帝給予我們的最偉大之物，但是，擁有很多金錢的情人能使愛情更加幸福，金錢就具有這樣的力量！

　　一個人如果說「我不要金錢！」那就等於是在說：「我不想為家人、友人和同胞服務。」這種說法固然荒謬，但要斷絕這兩者關係同樣荒謬！

　　我相信金錢的力量，我主張人人都當然應該去賺錢。然而，宗教對這種想法有強烈的偏見，因為有些人認為，作為上帝貧窮的子民是無上的榮耀。我曾聽過一個人在祈禱會上禱告說，他十分感謝自己是上帝的貧窮子民，我聞聽不禁心裡暗想：這個人的太太要是聽到她先生這麼胡言亂講，不知會有何感想？他肯定會認為自己嫁錯了人。

　　我不想再見到這種上帝的貧窮子民，我想上帝也不願意！

我可以說，如果某個原本應該很富有的人，卻因為貧窮而懦弱無能，那他必然犯下了極端嚴重的錯誤；他不僅對自己不忠實、忠誠，也虧待了他的家人！

我不能說，賺錢的多寡可以用來當作人生成功與否的標準，但幾乎毫無例外的是，你可以利用金錢的多寡來衡量一個人對社會所做的貢獻。你的收入愈多，你的貢獻也愈多。一想到我已經使無數國民永遠走向了富裕之路，我便自感擁有了偉大人生。

我相信上帝是為他的子民——而不是撒旦之流——才鑄出鑽石。上帝所給我們的唯一告誡是：我們不能在有違上帝的情況下賺錢，或賺取別的東西。那樣做只會讓我們平添罪惡感。要獲得金錢，大量的金錢，無可厚非，只要我們以正當的方法得來，而不是讓金錢拖著我們的鼻子走。

某些人之所以沒有錢，是因為他們不瞭解錢。他們認為錢既冷又硬，其實錢既不冷又不硬——它柔軟而溫暖，它會使我們感覺良好，而且在色澤上也能跟我們所穿的衣服相配。

　　我之所以是我，都是我過去的信念創造出來的。坦率地說，自我感覺到人世間因貧窮而疾苦的時候，我就萌發了一個信念：我應該是富翁，我沒有權利當窮人。

　　隨著時間的推移，這個信念變得有如鋼鐵般堅硬。

　　在我小的時候，正是拜金思想神聖化的時期，當時數以萬計的淘金者懷揣著發財夢眾各處方向拼命湧進了加利福尼亞，儘管事後發現那場淘金熱只是個圈套而已，它卻大大激起了數百萬人的發財欲望，這其中就包括我——一個只有十多歲的孩子。

　　那時我的家境窘迫，時常要接受好心人伸出的援手。我的母親是一個非常自尊的人，她希望我能肩負起做長子的職責，建設好這個家庭。母親的渴望與教誨，養成了我一種終身不變的責任感，我立下誓言：我不能淪為窮人，我要賺錢，我要用財富改變家人的命運！

　　在我少年時代的發財夢中，金錢對我而言，不只是讓家人過上富足無憂生活的工具，而是通過給予——明智地花出去，金錢更能換來道德上的尊嚴的社會地位，這些東西遠比豪華、氣派的住宅和美麗、漂亮的服飾更令我激動不已！

　　我對金錢的理解，堅定了我要賺錢、我要成為富人的信念，而這個信念又給予了我無比的鬥志，去追逐財富。

孩子，沒有比為了賺錢而賺錢的人更可憐、更可鄙的，我懂得賺錢之道：要讓金錢當我的奴隸，而不能讓我當金錢的奴隸。我就是這樣做的。

　　　　　　　　　　　　　　　　　　　　　　愛你的父親

第19封
目標就是要做第一

・財富與目標成正比。
・一個人不是在計畫成功，就是在計畫失敗。
・對我來說，第二名跟最後一名是沒有什麼兩
　樣。

親愛的約翰：

「沒有野心的人不會成就大事。」這是我那一位汽車大王朋友，亨利·福特先生，昨天來看我時向我吐露的成功秘密。

我非常敬佩這個來自密西根的富豪，他是一個執著而又堅毅的傢伙。他幾乎與我有著同樣的經歷，做過農活兒，當過學徒，與人合夥開辦過工廠，通過奮鬥最終成為了這個時代全美最富有的人之一。

在我看來，福特先生是一個新時代的締造者，沒有任何一個美國人能像他那樣，完全改變了美國人的生活方式，看看大街上往來穿梭的汽車，你就知道我絕非在恭維他，他使汽車由奢侈品變為了幾乎人人都能買得起的必需品。而他創造的奇蹟也把他變成了億萬富翁。當然，他也讓我的錢袋鼓起了很多。

人活著就得有目標或野心，否則，他就像一艘沒有舵的船，永遠漂流不定，只會到達失望、失敗與喪氣的海灘。福特先生的野心超過了他的身高，他要締造一個人人都能享用汽車的世界。這似乎難以想像，但他成功了，他成了全球小汽車市場的主人，並為福特公司賺得了驚人的利潤，用這個傢伙的話說，「那不是在製造汽車，那……簡直是在印刷鈔票。」我不難想像，既腰纏萬貫，又享有「汽車大王」的盛譽，福特是怎樣一個好心情。

福特創造的成就，證明了我的一個人生信念：財富與目標成正比。

如果你胸懷大志、目標高遠，你的財富之峯就將壘向雲霄，如果你只想得過且過，那你就只有做末流鼠輩的份兒，甚至一事無成，即使財富離你近在咫尺，你只會獲得很少的一點點而已。在福特成功之前，有很多汽車製造商都比他有實力得多，但他們當中破產的人也很多。

　　人被創造出來是有其目的的，一個人不是在計畫成功，就是在計畫失敗——這是我一生的心得。

我似乎從不缺少野心，從我很小的時候開始，要成為最富有的人，就一直是我衝動著的抱負與夢想。這對一個窮小子來說，好像有些過大了。但我認為目標必須偉大才行，因為想要有成就，必須有刺激，偉大的目標能使你發揮全部的力量，也才會有刺激。失去刺激，也就等於沒有了一股強大的力量推動你向前。不要做小計畫，因為它不能激勵心靈，我經常這樣提醒自己。

　　成為偉大的機會並不像湍急的尼加拉瓜大瀑布那樣

傾斜而下，而是慢慢地一次一點一滴。偉大與接近偉大之間的差異就是領悟到，如果你期望偉大，你必須每天朝著目標努力。

　　但對於一個窮小子而言，如何才能將這個偉大的夢想變成可觸摸的現實呢？難道去靠努力為別人工作來實現它嗎？這是個愚蠢的主意。

　　我相信為自己勤奮會致富，但不相信努力為別人工作就一定成功。在我住進百萬富翁大街之前，我就發現，在我身邊，很多窮人都是工作最努力的人。

　　現實就是如此殘酷，不管雇員努力與否，替老闆工作而變得富有的人少之又少。替老闆工作所得的薪金，只能在合理預期的情況下讓雇員活下去，儘管雇員可能會賺到不少錢，但變得富有卻很難。

　　我一直視「努力工作定會致富」為謊言，從不把為別人工作當作積累可觀財富和上策，相反，我非常篤信為自己工作才能富有。我採取的一切行動都忠於我的偉大夢想和為實現這一夢想而不斷達成的各個目標。

　　在我離開學校、尋找工作的時候，我就為自己設定了一個目標：要到一流的公司去，要成為一流的職員。因為一流的公

司會給我一流的歷練，塑造我一流的能力，讓我長到一流的見識，還會讓我賺到一筆豐厚的薪金——那是開創我未來事業的資本，而這一切無疑是我通往成功之路的最堅實的基石。

　　當然，在大公司做事，能讓我以大公司的方式思考問題，這點很重要。所以，我仰慕大公司，我要去的是高知名度企業。

　　這注定要讓我吃些苦頭。我先到了一家銀行，很不走運，被拒絕了；我又去了一家鐵路公司，結果仍是悻悻而歸，當時的天氣似乎也要跟我作對，酷熱難耐。但我不顧一切，繼續不停地尋找。那段日子，尋找工作成了我惟一的職業，每天早上八點，盡我所能地把自己打扮一番，就離開住地開始新一輪的預約面試。一連幾個星期，我把列入名單的公司跑了一遍，結果仍一無所獲。

　　這看起來很糟，不是嗎？但沒人能阻止你前進的道路，阻礙你前進最大的人就是你自己，你是惟一永久能做下去的人。我告誡自己：如果你不想讓別人偷走你的夢想，

　　那你就在被挫折擊倒後立即站起來。我沒有沮喪、氣餒，連續的挫折反而更堅定了我的決心。

　　我又徑直從頭開始，一家一家的跑，有幾家公司甚至讓我跑了兩三次——上帝終未將我拋棄，這場不屈不撓的求職之旅

終於在六個星期後的一個下午結束了，一八五五年 9 月 26
日，我被休伊特・塔特爾公司雇用了。

這一天似乎決定了我未來的一切。直到今天，每當我問起
自己，要是沒有得到那份工作會怎麼樣時，我常常會渾身顫抖
不停。因為我知道那份工作都給我還來了什麼，失去它我又將
如何。所以，我一生都把 9 月 26 日當作「重生日」來慶祝，
對這一天抱有的情感遠勝過我的生日──寫到這兒，我自己都
被自己感動了。

　　人在功能上就像是一部腳踏車，除非你向上、向前
朝著目標移動，否則你就會搖晃跌倒。

三年後，我帶著超越常人的能力與自信，離開了休伊特・
塔特爾公司，與克拉克先生合夥創辦克拉克・洛克菲勒公司，
開始了為自己工作的歷史。

愚蠢的努力工作很可能在百般辛苦之後仍一無所獲，但
是，如果將替老闆努力工作視為鑄就有朝一日為自己效勞的階
梯，那無疑就是創造財富的開始。給自己當老闆的感覺真是棒
極了，簡直無以言表。當然，我不能總沉浸在年方 18 歲就躋
身貿易代理商行列的得意之中，我告誡自己：「你的前程就繫

於一天天過去的日子，你的人生終點是全美首富，你距離那裡還很遠很遠，你要繼續為自己努力。」

做最富有的人——是我努力的依據和鞭策自己的力量。在過去的幾十年中，我一直是追求卓越的信徒，我最常激勵自己的一句話就是：對我來說，第二名跟最後一名是沒有什麼兩樣的。

如果你理解了它，你就會認為，我以無可爭辯的王者身份統治了石油工業不足為奇。我們每一個人都生活在希望之中，但我更多的是生活在目標的達成之中。我的人生目標就是要成為第一，這也是我設法定出並努力遵守的人生規劃，我所付出的所有努力和行動，都忠於我的人生目標、人生規則。

上帝賦予我們聰明的頭腦和堅強的肌肉，不是讓我們成為失敗者，而是讓我們成為偉大的贏家的。儘管二十年後的今天，聯邦法院解散了我們那個歡樂的大家庭（編按‧指聯邦法院判決他違反『反托拉斯法』，將他的王國拆成 34 家公司），但每當想起我創造的成就，我就興奮不已。

偉大的人生就是征服卓越的過程，我們必須向這個目標前進，不怕痛苦，態度堅決，準備在漫長的道路上屢仆屢起！

愛你的父親

第20封
好奇才能發現機會，
冒險才能利用機會

‧人生沒有維持現狀這回事，不進則退。

‧你擁有的東西越多，力量就越大。

‧想獲勝必須瞭解冒險的價值，

　而且必須有自己創造運氣的遠見。

親愛的約翰：

明天，也許等不到明天，就有一個人要過上富人生活了。報上說他叫大衛·莫里斯，與美國獨立戰爭時期的財政總監、費城商業王子羅伯特·莫里斯先生同姓，他剛剛在賭場上交了好運，贏了一大堆錢，還說他是一位賭場上的高手，同時登出了這位賭徒的一句人生格言：

好奇才能發現機會，冒險才能利用機會。

你知道，我對嗜賭的人一向不以為然，但對這位先生卻不能不刮目相看，我甚至相信，以他這等近乎哲學家般的智慧和頭腦，如能投身商界，他或許會成為一個職業上的成功者——一個優秀的賭徒。

我做如此帶有欣賞性的假設，並不是說優秀的賭徒就會成為優秀的商人。

事實上，我厭惡那些把商場視為賭場的人，但我不拒絕冒險精神，因為我懂得一個法則：風險越高，收益越大。而馳騁商海，對每一個人來說，都是生活提供給他的最偉大的歷險活動。

我的人生軌跡就是一趟豐富的冒險旅程，如果讓我找出哪一次冒險對我最具決定性、最關乎我的未來，那莫過於打入石油工業了。

　　在投資石油工業前，我們的本行——農產品代銷正做得有聲有色，繼續下去我完全有望成為大中間商。但這一切讓那位安德魯斯先生改變了，他是照明方面的專家，他告訴我：「約翰，煤油燃燒時發出的光亮比任何照明油都亮，它必將取代其他的照明油。想想吧，約翰，那將是多麼大的市場，如果我們的雙腳能踩進去，那將是怎樣的一個情景啊！」

　　我擁有的東西越多，力量就越大。

　　機會來了，放走它不僅僅是金錢，而是在削弱你在致富競技場上的力量。

　　我告訴安德魯斯：我幹！我們投資四千塊錢，對我們來說那可是一筆大錢，好大一筆錢吶，做起了煉油生意。錢投下去，我就不去考慮失敗，儘管那個時候石油在造就許多百萬富翁的同時，它也在使更多人淪為窮光蛋。

　　我一頭栽進煉油業，苦心經營，不到一年，煉油為我們贏得了超過農產品的利潤，成為了公司第一大生意。在那一刻我

意識到，是膽量，是冒險精神，為我開通了一條新的生財管道。

當時沒有哪一個行業能像石油業那樣能一夜暴富，這樣的前景大大刺激了我賺大錢的欲望，更讓我看到了盼望已久的大展宏圖的機會。我告誡自己：「你一定要緊緊抓住它，它可以把你帶到夢想之境。」

但我隨後大舉擴張石油業的經營戰略，令我的第一個合夥人克拉克先生大為惱怒。克拉克是一個無知、自負、軟弱、缺乏膽略的人，他害怕失敗，主張採取審慎的經營策略，這與我的經營觀念完全背離。在我眼裡，金錢像糞土一樣，如果你把它散出去，就可以做很多的事，但如果你要把它藏起來，它就會臭不可聞。克拉克不是一個好商人，他不知道金錢的真正價值。

當我們對重要的事情漠然以對時，我們的人生也就走到了窮途末路。克拉克已經成了我成功路上的絆腳石了，我必須踢開他——和他分手。這是一個重要時刻。

想獲勝必須瞭解冒險的價值，而且必須有自己創造運氣的遠見。對我來說，與克拉克先生分手無疑是一場冒險，在我決定豁出一切大舉進入石油業之前，我必須確信石油不會消失。

在那個時候，很多人都認為石油是一朵盛開的曇花，難以持久。我當然希望油源不會枯竭，而一旦沒有了油源，那些投資將一文不值，我的下場可能連賭場上的賭徒都不如。但我收到的資訊讓我樂觀，油源不會消失。是說分手的時候了。

在向克拉克先生攤牌前，我先在私下把安德魯斯先生拉了過來，我跟他說：「我們要走運了，有一筆大錢在等著我們，那可是一筆大錢吶。我要終止與克拉克兄弟的合作，如果我買下他們的股份，你願意和我一起幹嗎？」安德魯斯沒有讓我失望。幾天後，我又拉到幾家支持我的銀行。

那年二月，在經過一系列準備之後，我向克拉克先生提出分手，儘管他很不情願，但我去意已決。最後，我們大家商定把公司拍賣給出價最高的買主。

直到今天，一想起那次拍賣現場的情景，就讓我激動不已，那就感覺就像在賭場上賭錢一樣，讓人驚心動魄，全神貫注。那是一場豪賭——我押上去的是金錢，賭出來的卻是人生。

公司從五百元開拍，但很快就攀升到幾千元，而後又慢慢爬到五萬元，這個價格已經超出了我對煉油廠的預估價值。但

競拍價格一直在上漲，開始突破六萬，又一步一步飆到七萬。這時我開始恐懼，我擔心自己是否能買下這個公司——一個由我親手締造的企業，是否出得起那麼多錢。但我很快鎮靜下來，我閃電般地告誡自己：「不要畏懼，既然下了決心，就要勇往直前！」競爭對手報價七萬兩千元，我毫不遲疑，報價七萬兩千五百元。這時，克拉克先生站起來，大喊：「我不再加了，約翰，它歸你了！」

親愛的約翰，那是決定我一生的時刻，我感受到它超乎尋常的意義。

當然，我為與克拉克先生分手付出了高昂的代價，我把代理公司的一半股份和七萬兩千五百元都給了克拉克。但我贏得的卻是自由和光輝的未來。我成了自己的主人，自己的雇主，從此不再擔心那些目光短淺的平庸之輩擋我的路。

那年，我 21 歲，我就擁有了克利夫蘭最大的煉油廠，已經躋身於世界最大煉油商之列，今天想來，這個每天能吃掉五百桶原油的傢伙，無異是我走向石油霸主之路、征服石油王國的利器。感謝那場競拍，它是我獲得人生成功的開始。

幾乎可以確定，安全第一不能讓我們致富，要想獲

得報酬，總是要接受隨之而來的必要的風險。人生又何嘗不是這樣呢！

　　人生沒有維持現狀這回事，不進則退，事情就是這麼簡單。我相位，謹慎並非完美的成功之道。不管我們做什麼，乃至我們的人生，我們都必須在冒險與謹慎之間做出選擇。而有些時候，靠冒險獲勝的機會要比謹慎大得多。

　　商人都是利潤與財富的追逐者，要靠自己創造資源以及想方設法取得他人的資源，甚至逼迫他人讓出資源而使自己富有，所以，冒險是商人征戰商場不可或缺的手段。

如果你想知道既冒險而又不招致失敗的技巧，你只需要記住一句話——大膽籌畫，小心實施。

愛你的父親

第21封
侮辱是一種動力

・侮辱是測量一個人能力的尺規。

・永遠不能讓自己個人的偏見妨礙自己成功。

・你相信自己，並與自己和諧一致，

　你就是自己最忠實的伴侶。

親愛的約翰：

你與摩根（指華爾街之王的約翰·摩根）先生談判時的表現，令我和你的母親感到驚喜，我們沒有想到你竟然有勇氣同那個盛氣凌人的華爾街最大的錢袋子對抗：而且，應對沉穩，言辭得體，不失教養，並徹底控制住了你的對手。感謝上帝，能讓我們擁有你這樣出色的孩子。

在信中你告訴我說，摩根先生待你相當粗魯無禮，是有意想要侮辱你，我想你是對的。事實上，他是想報復我，讓你代我受辱。

你知道，此次摩根提出要與我結盟，是擔心我會對他構成威脅。我相信他並不情願與我合作，因為他知道我和他是跑在兩條路上的馬車，彼此誰都不喜歡誰。我一見到他那副趾高氣揚、傲慢無理的樣子就感到噁心。我想他一見到我，肯定也會有叫他不舒服的地方。

但摩根是位商界奇才，他知道我不把華爾街放在眼裡，更不懼怕他對我的威脅，所以他要實現他的野心——統治美國鋼鐵行業，就必須與我合作，否則，等待他的就將是一場你死我活的競爭。

　　善於思考與善於行動的人，都知道必須祛除傲慢與偏見，都知道永遠不能讓自己的個人偏見妨礙自己的成功，摩根先生就是這樣的人。

　　所以，儘管摩根先生不想同我打交道，但他還是問我，是否可以在標準石油公司總裁辦公室與他會面。

　　在談判中能堅持到最後一刻的人，一定會撈到好處。

　　所以，我告訴摩根：「我已經退休了，如果你願意，我很樂意在我家中恭候你。」他果真來了，這對他而言顯然是有些屈尊。但他做夢都不會想到，當他提出具體問題時我會說：「很抱歉，摩根先生，我已經退休了，我想我的兒子約翰會很高興同你談那筆交易。」
　　只有傻瓜才看不出來，我這是在公然輕蔑摩根，但他很克制，告訴我希望你能到他在華爾街的辦公室去談。我答應了。

　　對他人的報復，就是對自己的攻擊。

　　摩根先生似乎不懂得這個道理，結果為解心頭怒火，反到讓你給控制住了。但不管怎麼說，儘管摩根先生對我公然侮辱他耿耿於懷，但始終將眼睛盯在要達成的目標上，對此我頗為欣賞。

　　孩子，我們生長在追求尊嚴的社會，我知道對於一個熱愛尊嚴的人來說，蒙受侮辱意味著什麼。但在很多時候，不管你是誰，即使是美利堅合眾國國總統都無力阻止來自他人的侮辱。

　　那麼，我們該怎麼辦呢？是在盛怒中反擊，捍衛尊嚴呢？還是寬容相待，大度化之呢？還是用其他方式來回應呢？

　　你或許還記得，我一直珍藏著一張我中學同學的多人合照。那裡面沒有我，有的只是出身富裕家庭的孩子。幾十年過去了，我依然珍藏著它，更珍藏了拍攝那張照片的當時情景——

　　那是一天下午，天氣不錯，老師告訴我們說，有一位攝影師跑來要拍學生上課時的情景照。我是照過相的，但很少，對一個窮苦家的孩子來說，照相是種奢侈。攝影師剛一出現，我便想像著要被攝入鏡頭的情景，多點微笑、多點自然，帥帥的，甚至開始想像如同報告喜訊一樣回家告訴母親：「媽媽，

我照相了！是攝影師拍的，棒極了！」

　　我用一雙興奮的眼睛注視著那位彎腰取景的攝影師，希望他早點把我拉進相機裡。但我失望了。那個攝影師好像是個唯美主義者，他直起身，用手指著我，對我的老師說：「你能讓那位學生離開他的座位嘛，他的穿戴實在是太寒酸了。」我是個弱小還要聽命於老師的學生，我無力抗爭，我只能默默地站起身，為那些穿戴整齊的富家子弟製造美景。

　　在那一瞬間我感覺我的臉在發熱。但我沒有動怒，也沒有自哀自憐，更沒有暗怨我的父母為什麼不讓我穿得體面些，事實上他們為我能受到良好教育已經竭盡全力了。看著在那位攝影師調動下的拍攝場面，我在心底攥緊了雙拳，向自己鄭重發誓：總有一天，你會成為世界上最富有的人！讓攝影師給你照相算得了什麼！讓世界上最著名的畫家給你畫像，才是你的驕傲！

　　孩子，我那時的誓言已經變成了現實！在我眼裡，侮辱一詞的詞義已經轉換，它不再是剝掉我尊嚴的利刃，而是一股強大的動力，如同排山倒海，催我奮進，催我去追求一切美好的東西。如果說那個攝影師把一個窮孩子激勵成了世界上最富有的人，似乎並不過分。

每個人都有享受掌聲與喝彩的時候，那或者是在肯定我們的成就，或者是在肯定我們的品質、人格與道德；也有遭受攻擊的侮辱的時候，除去惡意，我想我們之所以會遭受侮辱，是因為我們的能力欠佳，這種能力可能與做人有關，也可能與做事有關，總之不構成他人的尊重。所以，我想說，蒙辱不是件壞事，如果你是一個知道冷靜反思的人，或許就會認為侮辱是測量能力的尺規，我就是這樣做的。

我知道任何輕微的侮辱都可能傷及尊嚴。但是，尊嚴不是天賜的，也不是別人給予的，是你自己締造的。尊嚴是你自己享用的精神產品，每個人的尊嚴都有屬於他自己，你自己認為自己有尊嚴，你就有尊嚴。所以，如果有人傷害你的感情、你的尊嚴，你要不為所動。你不死守你的尊嚴，就沒有人能傷害你。

我的兒子，你與你自己的關係是所有關係的開始，當你相信自己，並與自己和諧一致，你就是自己最忠實的伴侶。也只有如此，你才能做到寵辱不驚。

愛你的父親

第22封
用實力讓對手恐懼

・越是認為自己行，你就會變得越高明。

・當涉及金錢的時候，絕對不要先提金額。

・在做生意時，你絕對不能想把錢賺得一乾二淨，
　要留一點錢給別人賺。

親愛的約翰：

今晚我會晤了調解人亨利·弗里克先生，我告訴他：「正像我的兒子告訴摩根先生的那樣，我並不急於賣掉聯合礦業公司。但又像你所猜測的一樣，我從來不阻止建立任何有價值的企業。但是，我堅決反對買主居高臨下，定下企圖將我們排斥在外的價格，我寧可血戰到底也不會做這樣的生意。」我請弗里克先生轉告摩根先生，他想錯了。

約翰，看來你還得同摩根先生繼續打交道，儘管你討厭那個傢伙。所以，我想給你一些建議，讓那個不可一世的傢伙知道什麼是「我行我素」的惡果。

兒子，很多人都犯有同樣一個錯誤，他們不知道自己到底是幹什麼的。其實，不論你從事哪一個行業，譬如經營石油、地產，做鋼鐵生意，還是做總裁、做雇員，都是在從事一個行業，那就是跟人打交道的行業。談判更是如此，與你開戰的不是那樁生意，而是人！

所以，你必須真實瞭解自己、瞭解對手，這才能保證你在決勝中取得勝利的前提。你需要知道，準備是遊戲心理的一部分，你必須知己知彼。如果你要擁有實質性的優勢，你必須知道：

第一、整體環境：市場狀況如何，景氣狀況如何。

　　第二、你的資源：你有哪些優勢（優點）和弱勢（弱點），你有哪些資本。

　　第三、對手的資源：對手的資產狀況如何，他的優勢、劣勢在哪裡。在任何競爭中，謀劃大策略的重要因素之一，就是了解對手的優勢。

　　第四、你的目標和態度：古希臘德菲爾太陽神阿波羅神殿的座右銘只有短短的一句話：「認識你自己。」

　　你要知道自己在幹什麼、有什麼目標，實現目標的決心有多堅決，認為自己像個贏家還是懷疑自己，在精神與態度上有什麼優點和缺點。越是認為自己行，你就會變得越高明，積極的心態會創造成功。

　　第五、對手的目標和態度：要儘量判斷對手的目標，同樣重要的是，要設法深入對手的內心，瞭解他的想法的感覺。

　　毫無疑問，最後這一項——預測和瞭解對手——是最難實現的利用的，但你要去力爭實現。那些偉大的軍事將領大多有一個習慣，他們總是盡力瞭解對手的性格和習慣，以此來判斷對手可能做出的選擇和行動方向。在所有的競爭活動中，能夠瞭解對手和競爭者也總是很有功效，因為這樣你就可以預測對

手的動向。主動、預期性的措施幾乎總比被動反應有效，且更有力量，俗話說，預防勝於治療就是這個道理。

在有些時候，你競爭對手可能是你熟知的人，那你就要多利用這個優勢。如果你瞭解他是一個很謹慎的人，或許你自己最好也要小心一點；如果你覺得他總是很衝動，或許這是在暗示你，要大刀闊斧，否則你就可能被他逼上絕路。

但是，你不必與對手熟識，才能瞭解他們，只要你能明察秋毫，在談判桌上你可以發現很多有價值的東西。善於談判的人應該要能觀察一切。你甚至不必等到開始走出第一步，才開始瞭解對手。

我們說的話可能會透露或掩飾自己的心意，但我們的選擇幾乎總是會洩露自己內心的秘密──想法，每個人所做的第一個選擇，也是洩露真相的第一個動作。在談判中你必須瞭解自己在說什麼，如果你真的能掌控一切，就應該能夠掌控自己所說的話，為自己帶來好處。

同樣的，你必須隨時保持警惕，以便收到對手發出的資訊，如果是這樣，你就可以持續掌控明確的優勢，做不到這一

點，你就可能喪失另一個機會。你需要知道，在一場競爭激烈的談判中失敗，意味著下次贏得談判的機會將會降低。

　　做交易的秘訣在於，你要知道不能交易什麼和可以交易什麼。摩根先生視我們為牆角裡的殘渣，要清掃出去，但我們必須留在地板上。這是不能談判的。同時，他還必須給出一個好價錢。但你也要知道，在做生意時，你絕對不能想把錢賺得一乾二淨，要留一點給別人賺。

　　約翰，你知道，我們願意做這筆交易，是因為我們認為這筆交易對我們有利，這是顯而易見的。然而，你不要受制於這種明來而狹隘的觀點。

　　有太多的「聰明人」認為牌子的目的不是要交易，而是要撿便宜，希望用最低的價格買到東西。這次摩根一方給出的價格比實際價值低過百萬。如果他只想做這種交易，表示他會因此失掉這次他登上美國鋼鐵行業霸主地位的機會。交易的真諦是交換價值，用別人想要的東西來換取你想要的東西。

　　要完成一筆好交易，最好的方法是強調其價值。而很多人常會犯強調價格、而非價值的錯誤，他們會說什麼，「這的確很便宜，再也找不到這麼低的價格了。」不錯，沒有誰願意出高價，但在最低價之外，人們更希望得到最高的價值。

　　約翰，在你與摩根先生談判中，當涉及金錢的時候，你絕對不要先提金額，要提供他——寶貴的價值，強調他從你這裡能夠買到什麼。

　　我相信，人經過努力可以改變世界，達到新的、更美好的境界。祝你好運！

愛你的父親

第23封
合作是共同獲利、
創造雙贏的策略

．要想讓別人怎麼待你，你就要怎麼待別人。

．建立在生意上的友誼，
　遠勝過建立在友誼上的生意。

．往上爬的時候要對別人好一點，
　因為你走下坡的時候會碰到他們。

親愛的約翰：

你與摩根先生的手終於握到了一起，這是美國經濟史上最偉大的一次握手，我相信後人一定會慷慨記住這一偉大時刻，因為正如《華爾街日報》所說，它標誌著「一艘由華爾街大亨和石油大亨共同打造的超級戰艦已經出航，它將勢不可擋，永不沉沒。」

約翰，你知道這叫什麼嗎？這就是「合作的力量」。

合作，在那些妄自尊大的人眼裡，它或許是件軟弱或可恥的事情，但在我看來，合作永遠是聰明的選擇，前提是只要對我有利。現在，我很想讓你知道這樣的事實：

假如說不是上帝成就了我今天的偉業，我很願意將其歸功於三大力量的支持：第一支力量來自於按規則行事，它能讓企業得以永續經營；第二支力量來自於殘酷無情的競爭，它會讓每次的競爭更趨於完美；第三支力量則來自於合作，它可以讓我在合作中取得利益、撈得好處。

我之所以能跑在競爭者的前面，就在於我擅長走捷徑——與人合作。在我創造財富之旅的每一站，你都能看到合作的站牌。因為從我踏上社會那一天起我就知道，在任何時候，任何地方，只要存在競爭，誰都不可

能孤軍奮戰，除非他想自尋死路，聰明的人會與他人包括競爭對手形成合作關係，假借他人之力使自己存在下去或強大起來。

當然，我可以做出一個很可能會成為現實的假設，如果我們不與摩根先生牽手，我們雙方就很可能會拼個兩敗俱傷，而我們的對手卡內基先生則會從中漁利，讓人在鋼鐵行業始終一枝獨秀的態勢繼續下去。但現在，卡內基先生一定要捶胸頓足了，想想看，誰會在對手蠶食自己領地的時候還能泰然自若呢？除非他是躺在墳墓裡的死人。

　　合作可以壓制對手或讓對手出局，達到讓自己向目標闊步邁進的目的，換句話說，合作並不見得只是追求勝利。遺憾的是，只有為數不多的人才瞭解其中的奧妙。

但是，合作並不等同於友誼、愛情和婚姻，合作的目的不是去撈取情感，而是要撈到利益和好處。我們應該知道，成功有賴於他人的支持與合作，我們理想與我們自己之間有一道鴻溝，要想跨越這道鴻溝。必須依靠別人的支持與合作。

　　當然，我永遠不會拒絕與生意夥伴建立友誼，我相信建立在生意上的友誼遠勝過建立在友誼上的生意。例如，我與亨利‧弗拉格勒先生的合作。亨利是我永遠的知己，最好的助手；我與他結盟，他讓我得到的不只是投資，更多的是智慧和心靈上的支持。亨利同我一樣，從不自滿且雄心勃勃，成為石油行業的主人是他的夢想。

　　直到現在，我還記得我們開始合作時的情景，那時候除去吃飯和睡覺，我們幾乎形影不離，我們現上班、下班，一同思考，一同制定計劃，相互激勵、彼此堅定決心。那段時間，就如同歡度蜜月一樣，永遠是讓我感到愉快的記憶。

　　如今，幾十年過去了，我們依然親如兄弟，這份情感給多少錢我都不賣。這也是我一直讓你叫他亨利叔叔、而不要叫他亨利先生的原因。

　　我從不嘗試去買賣友誼，因為友誼不是能用金錢買來的。友誼的背後需要真情的支持。我與亨利之所以有不悔的合作和永遠的友誼，不僅僅在於我們是追逐利益的共謀者，更重要的是，我們都是嚴於律己的人，我們都知道要想讓別人怎麼待你、你就怎麼待別人，而且從現在就要做起。

　　「己所不欲，勿施於人」，既是我的行為準則，又是我對

合作所保有的明智態度。所以，我從不以財勢欺凌處於弱勢的對手，我情願與他們促膝談心，也不願意擺出盛氣凌人的姿態去壓服他們。否則，我可以會毀了我們之間的合作，讓目標停止在中途。

當然，遇到傲慢無禮的人，我也有總忘不了要羞辱他一番的時候，例如，我就曾教訓過紐約中央鐵路公司的老闆范德比爾特先生。范德比爾特出身貴族，在南北戰爭中立過戰功，享有將軍頭銜，但他把戰場上得到的榮譽當作了他生活中不可一世的資本，並自以為把持著運輸大權，就可以把我們當成打短工的臨時雇員。

有一次，亨利找到他要談運輸的事情，可誰知道這個傲慢的傢伙竟然說：「年輕人，你要與我談？你的軍階似乎低了些！」亨利從未受到過這樣的侮辱，但在那一刻良好的教養幫了他，他沒有失態，但回到辦公室，他那個漂亮的筆筒卻遭了殃，被他摔了個粉身碎骨。

我趕快安慰他：「亨利，忘了那狗屁說了什麼，我一定為你討回尊嚴。」後來范德比爾特急著要與我們做生意，請我們到他那裡去談判，我派人告訴他：「可以，但你要到我們辦公室來談。」結果，這位習慣了別人巴結、討好他的將軍，只能

屈尊來見比他小四十多歲的年輕人，同時還要屈從兩個年輕人提出的條件。我想，在那一刻，范德比爾特將軍一定明白了這樣一個道理：

　　往上爬的時候要對別人好一點，因為你走下坡的時候會碰到他們。

　　我厭惡以粗暴的態度對待人，更知道耐心、溫和對待下屬和同事的價值——有利於實現目標。我知道用錢可以買到人才，卻不會買到人心，但如果在付錢的時候又送上一份尊重，我就會讓他們為我忠心地服務。這就是我能建立起高效管理隊伍的成功所在。

　　但我不希望因此產生錯誤的判斷，認為合作就是做好人。不！合作不是做好人的問題，而是好處和利益的問題。沒有任何結盟是永遠持久的，合作只是一種獲利戰術。當環境發生變化的時候，戰術將隨之改變，否則，你就輸了。現實很嚴厲，你必須更嚴厲，但是，顯然也要當個好人。

　　約翰，生命的本質就是鬥爭和競爭，它們激動人心。但

是，當它們發展為衝突時，就往往具有毀滅性和破壞性，而適時的合作則可化解它們。

愛你的父親

第24封
不甘示弱才會贏

・我們思想的大小，決定我們成就的大小。
・態度是我們最好的朋友，
　也會是我們最大的敵人。
・通往成功的道路上鋪滿了黃金，然而這條道路
　卻只是一條單行道。

親愛的約翰：

沉浸在熱烈、真摯的愛戴之中，真是美妙極了。今天，芝加哥大學的學生讓我體味到了這種美妙的感受。姑且將其視為對我創建這所學府的回報吧，不過，這的確讓我喜出望外。

老實說，在我決定投資創建這所大學之前，我從未奢望在那裡受到聖人般的禮遇，我的初衷只是想為將我們最優秀的文化傳給青年一代做些什麼，為我們的青年造就美好未來和為未來造就我們的青年一代做些什麼。現在看來，我的目的達到了，這是我一生中最明智的投資。

芝加哥大學的青年人非常可愛，他們對未來充滿美好的憧憬，都有要成就一番事業的動機。他們當中幾個一臉稚氣的男生跑向我說，我是他們的榜樣，真誠地希望我能給他們一些建議。我接受了他們的請求，我忠告那些未來的洛克菲勒：

「成功並不是以一個人的身高、體重、學歷或家庭背景來衡量，而是以他思想的「大小」來決定。我們思想的高度，來決定我們成就的高度。這其中最重要的一條就是我們要看重自己，克服人類最大的弱點——自貶，千萬不要廉價出賣自己。你們比你們想像中的還要偉大，所以，要將你們的思想擴大到你們真實的程度，

絕不要看輕自己。」

這時掌聲突然又響亮了起來，我顯然被它徹底俘虜了，以致有些得意忘形，管不住我的舌頭了。於是，我繼續說：

「幾千年來，很多哲學家都忠告我們：要認識你自己。但是，大部分的人都把它解釋為僅僅認識自己消極的一面。大部分的自我評估都包括太多的缺點、錯失與無能。認識自己的缺失很好，可藉此謀求改進。但是，如果我們僅僅認識自己消極的一面，就會陷入混亂，使自己變得沒有任何價值。

「而對那些渴望別人尊重自己的人來說，現實卻很殘酷，因為別人對他的看法，與他對自己的看法相同。我們都會受到那種「我們自以為是怎樣」的待遇。那些自以為比別人差一截的人，不管他實際上的能力到底怎樣，一定會是比別人差一截的人，這是因為思想本身能調節並控制各種行動的緣故。

「如果一個人覺得自己比不上別人，他就會表現出「真的」比不上別人的各種行動；而且這種感覺無法掩飾或隱瞞。那些自以為「不很重要」的人，就真的會成為「不很重要」的

人。在另一方面，那些相信自己具有「承擔重責大任的能力」的人，就真的會變成一個「很重要」的人物。所以，如果你們想就重要人物，就必須首先使自己承認「我確實很重要」，而且要真正的這麼覺得，別人才會跟著這麼想。

「每個人都無法逃脫這樣一個推理原則：你怎麼思想將會決定你怎麼行動，你怎麼行動將決定別人對你的看法。就像你們自己的成功計畫一樣，要獲得別人的尊重其實很簡單。為得到他人的尊重，你們必須首先覺得自己確實值得人敬重，而且你們越敬重自己，別人也會越敬重你們。

「請你們想一想：你們會不會敬重那些在破舊街道遊蕩的人呢？當然不會。為什麼？因為那些無賴漢根本不看重自己，他們只會讓自卑感腐蝕他們的心靈而自甘墮落。

「一個人的自我概念，就是他的人格核心，你們自己認為自己是個怎麼樣的人，你們也就真的會成為怎麼樣的人。

「每一個人，無論他身居何處，無論他默默無聞或身世顯赫，無論他文明或野蠻，也無論他年輕或年老，都有成為重要人物的強烈欲望。請仔細想一想你們身邊的每一個人——你的鄰居、你自己、你的老師，你的同學，你的朋友，有誰沒有希望自己很有分量的強烈需求？全都有，這種需求是人類最強烈、最迫切的一種目標。

「但是，為什麼很多人卻將這個本可以實現的目標，永遠地變成了無法實現的一場美夢呢？在我看來是態度使然。態度是我們每個人思想和精神因素的物化，它決定著我們的選擇和行動。在這個意義上說，態度是我們最好的朋友，也會是我們最大的敵人。

「我承認，我們不能左右風的方向，但我們可以調整風帆——選擇我們的態度。一旦你們選擇了看重自己的態度，那些『我是個沒用的人、我是個無名小卒、我算老幾、我一文不值！』等等貶低自己、消磨意志、蛻化信心和自暴自棄的懦夫的想法就會消失殆盡，取而代之的，是心靈的復活，思維和行為方式的積極改變，信心的增強，以『我能！而且我一定能完成！』的心態來

面對一切。

「年輕的朋友！如果你們中間有誰曾自己騙自己，請就此停止，因為那些不覺得自己重要的人，都是自暴自棄的普通人。任何時候都不要自貶，要先選出自己的各種資產──優點。要問自己：『我有哪些優點？』在分析自己的優點時，不能太客氣。

「你們要專注自己的長處，告訴自己我比我想像的還要好。要有遠見，看到未來的發展性，而不單看現況，對自己要有遠大的期望。要隨時記住這個問題：『這時，那些重要人物會不會這麼做呢？』這樣就會使你們漸漸變成更成功的大人物。

「年輕的朋友們，通往成功的道路上鋪滿了黃金，然而這條道路卻只是一條單行線。此時此刻，我們需要一種樂觀的態度。樂觀常被哲學家稱為『希望』。首先讓我來告訴你們，這是對樂觀的曲解！所謂樂觀是一種信念，那就是相信生活終究是樂多苦少，相信即使不如人願的事屢屢發生，好事終將占得上風。」

　　約翰，你知道嗎？在我短短十幾分鐘的即興演講中，我竟獲得了八次掌聲。遺憾的是過多的掌聲太干擾了我的思路，我有一個重要的觀點讓掌聲趕跑了，那就是——提高思考能力，會幫助他們提高各種行動的水平，使他們因而更大有作為——但我還是很高興，我的舌頭居然有那麼大的魅力。

　　　　　　　　　　　　　　　　　　　　愛你的父親

第25封
讓每一分錢都帶來效益

・失去對高尚的人的尊重，就是在剝奪自己做人
　的尊嚴。
・沒有想好最後一步，就永遠不要邁出第一步。
・創造力、自發精神和信念——可以化不可能為
　可能。

親愛的約翰：

查理斯先生永遠地離開了我們，這讓我很難過。作為上帝忠實的子民，查爾斯先生一直是位非常善良的富人，他樂善好施，不斷用自己辛勤賺到的錢去救助那些處於貧困噩夢中的同胞。我相信上帝會在天堂笑迎他，因為他的仁愛和無私。

與真摯的靈魂相伴，是天賜的福氣。我能有像查理斯先生這樣的合夥人，是我一生的榮幸。當然，查理斯先生謹小慎微的性格常常導致他與我齟齬不斷，但這絲毫不會奪走我對他的尊重。失去對高尚人的尊重，就是在剝奪自己做人的尊嚴。

當年，公司最高管理層有共進午餐的習慣，每到吃飯的時候，儘管我是公司第一人，我都會把象徵公司核心的座位留給他，以示我對他正直人品的敬意。是的，這不足為道，高尚的道德本該受到褒獎。而就一個整體而言，雖然這只是很小很小的細節，但這樣一個細節可能影響到整個公司，影響到公司的成績。

事實上，標準石油公司的合夥人都是正直的人，我們個個知曉彼此尊重、信任、團結一心對合作有多麼可貴和重要，我們努力使之變成現實。所以，即使出現分歧，我們只會直言不諱、就事論事，從不勾心鬥角、搬弄事非。我相信，在這種純

潔的氛圍中，即使有人心術不正，他也會把心術不正的惡習留
在家裡。

　　但這只是標準石油公司強大到令對手敬畏的原因之一，而
視精誠協作為我們的生命才是最重要的因素。在這方面，查理
斯先生身體力行，堪為表率。

　　作為公司的引領者，我在一次董事會上曾真誠倡議：「我
們是一家人，我們共用榮辱，我們堅強的手掌托起的是我們共
同的事業。所以，我建議大家，請不要說我應該做什麼，要說
我們應該做什麼。千萬別忘了，我們是合作夥伴，無論做什麼
事都是為了我們大家的利益。」

　　我的發言感染了查理斯先生，他第一個回應我：「先生
們，我聽懂了，約翰的意思是說，比起『我』來說，『我們』
更重要，我們是一家人！沒錯！是應該說我們！」

　　在那一刻，我看到了我們偉大的未來，因為我們已經開始
忠於「我們」。別忘了，人人自私，每個人的天性都是忠於自
己，「我」是每個人心中的宗教。當「我們」取代「我」的時
候，它所煥發出的力量將難以估量。我所以能取得巨大成就，
就在於我首先經營人——所有的人。

　　我與查理斯先生有著共同的信仰，我們都是虔誠的基督徒。我喜歡查理斯先生最喜歡的一句格言：「珍惜時間和金錢。」我一直以為這是一則凝聚著偉大智慧的箴言。我相信絕大多數的人都會喜歡它，卻難以將其變成自己思想信念和價值信條，並永遠溶入自己的血液中。

　　是的，無論一個人積儲了多麼豐富的妙語箴言，也無論他的見解有多高，假使不能利用每一個確實的機會去行動，其性格終不能受到良好的影響。失去美好的意圖，終是一無所獲。

　　幾乎人人都知道，能否構築幸福生活，能否實現成功，都與如何利用時間有關。然而，在很多人那裡，時間是他們的敵人，他們消磨它，抹煞它；但如果誰偷走他們的時間，他們又會大發雷霆，因為時間畢竟是金錢，重要的時間還是生命。遺憾的是，他們就是不知道如何利用時間。

　　事實上，這沒有哥倫布先生發現美洲那麼難，重要的是我們要計畫每一天，乃至每一刻，並知道該思考什麼，該如何採取行動。計畫是我們順應每天情況而生活的依據，它能顯示什麼是可行的。而要制訂完美的計畫，首先要確認自己想要什

麼；還有，每項計畫都要有措施，並要監督成果。能討諸行動、有成果的計畫才是有價值的計畫。當然，創造力、自發精神和信念可以化不可能為可能，並突破計畫的限制，所以，不要自囿於計畫之中。

　　每一刻都是關鍵，每一個決定都影響生命的過程，所以，我們要有下決心的策略。決心不易下得太快，遇到重要問題時，如果沒有想好最後一步，就永遠不要邁出第一步，要相信總有時間思考問題，也總有時間付諸行動，要有促進計畫成熟的耐心。但一旦做出決定，就要像鬥士那樣，忠實地去執行。

　　賺錢不會讓你破產——是查理斯先生的致富聖經。

在一次午餐會上，查理斯先生公開了他的賺錢哲學，那天他用一種演講家般的激情，激勵了我們每個人，他告訴我們大家：世界上有兩種人永遠不會富有——

　　「第一種是及時行樂者，我們喜歡過光鮮亮麗的日子，像蒼蠅盯臭肉那樣，對奢侈品興趣昂然，他們揮霍

無度，竭盡所能要擁有精美的華服、昂貴的汽車、豪華的住宅，以及價格不菲的藝術品。這種生活的確迷人，但它缺乏理性，及時行樂者缺乏這樣的警惕：他們是在尋找增加負債的方法，他們會成為可憐的車奴、房奴，而一旦破產，他們就完了！

「第二種人，則是喜歡存錢的人，把錢存在銀行裡當然保險，但它跟把錢冷凍起來沒什麼兩樣，要知道靠利息不能發財。

「但是，另外有一種人會成為富人！比如，在座的諸位，我們不尋找花錢的方法，我們尋找、培養和管理各種投資的方法，因為我們知道財富是可以拿來孳生更多的錢財，我們會把錢拿來投資，創造更多的財富。但我們還要知道，讓每一分錢都能帶來效益！這正如翰一貫的經商原則──每一分錢都要讓它物有所值！」

查理斯先生的演講博得了熱烈掌聲，我被他燃燒起來，鼓掌時太過用力，以致吃飯以後還覺得兩個手掌在隱隱作痛。

如今，再也聽不到那種掌聲了，也沒有鼓那種掌的機會。

但「珍惜時間和金錢」一直與我相伴。我沒有理由浪費生命，浪費生命就等於糟蹋自己，世界上沒有比糟蹋自己更大的悲劇了。我也不把安逸和享樂看作是生活目的的本身，因為我稱其為豬的理想。

愛你的父親

第26封
忍耐就是策略

・衝動在任何時候，都是我們最大的敵人。

・能忍人所不能忍之忤逆，才能為人所不能為之事。

・如果你真的想成功，你一定要掌握並保護自己的機會，更要設法搶奪別人的機會。

親愛的約翰：

非常感謝你對我的信任，告訴我你退出花旗銀行董事會的事情。我當然理解你為什麼這樣做，你已經無法繼續忍受同仁們的某些做法，更不想繼續屈從於他們。

但是，你的決定是否明智，似乎還有待於時間來證實。理由很簡單，如果你不主動放棄花旗銀行董事的職位，而是選擇留在那裡，或許你會得到更多。

我知道，屈從是思想的大敵，也是自由的獄吏。然而，對於一個胸懷大志的人而言，保持必要的屈從與忍耐，恰恰是一條屢試不爽的成功策略。追溯過往，曾經我忍耐過許多，也因忍耐得到過許多。

在我創業之初，由於資金缺乏，我的合夥人克拉克先生邀請他昔日同事加德納先生入夥，對此我舉雙手贊成，因為有了這位富人的加入，就意味著我們可以做我們想做、有能力做、只要有足夠資金就能做成的事情。

然而，出乎我意料的是，克拉克帶來了一個錢包的同時，卻送給了我一份屈辱，他們要把克拉克·洛克菲勒公司更名為克拉克·加德納公司，而他們將洛克菲勒的姓氏從公司名稱中

抹去的理由是：加德納出身名門，他的姓氏能吸引更多的客戶。

　　這是一個大大刺傷我尊嚴的理由！我憤怒啊！我同樣是合夥人，加德納帶來的只是他那一份資金而已，難道他出身貴族就可以剝奪我應得的名分嗎！但是，我忍下了，我告訴自己：你要控制住你自己，你要保持心態平靜，這只是開始，路還長著哪！

　　我只能故作鎮靜，裝作若無其事的樣子告訴克拉克說：「這沒什麼！」

　　事實上，這完全是謊言。想想看，一個遭受不公平、自尊心正受到傷害的人，他怎麼能有如此的寬容大度！但是，我用理性澆滅了我心頭燃燒著的熊熊怒火，因為我知道這會給我帶來好處。

　　　　忍耐不是盲目的容忍，你需要冷靜地考量情勢，要
　　知道你的決定是否會偏離或加害你的目標。

　　對克拉克大發雷霆不僅有失體面，更重要的是，它會給我們的合作製造裂痕，甚至招致一腳把我踢出去、讓我從頭再來的惡果。而團結則可以形成合力，讓我們的事業越做越大，我的個人力量和利益，也必將隨之壯大。

　　我知道自己要到哪裡去。在這之後我繼續一如既往、不知疲倦地熱情工作。到了第三個年頭，我就成功地把那位極盡奢侈的加德納先生請出了公司，讓克拉克·洛克菲勒公司的牌子重新豎立起來！那時人們開始尊稱我為洛克菲勒先生，我已成為富人。

　　　在我眼裡忍耐並非忍氣吞聲、也絕非卑躬屈膝，忍耐是一種策略，同時也是一種性格磨練，它所孕育出的是好勝之心。

　　這是我與克拉克先生合作期間所得出的心得。我崇尚平等，厭惡居高臨下發號施令。然而，克拉克先生在我面前卻總要擺出趾高氣揚的架勢，這令我非常反感。他似乎從不把我放在眼裡，把我視為目光短淺的小職員，甚至當面貶低我除了記帳和管錢之外一無所能，沒有他我更一文不值。這是公然的挑釁，我卻裝作充耳不聞，我知道自己尊重自己比什麼都重要，但是，我在心裡已經同他開戰，我一遍一遍地叮囑自己：超過他，你的強大是對他最好的羞辱，是打在他臉上最響的耳光。

　　結果正像你所知道的那樣，克拉克·洛克菲勒公司永遠成為了歷史，取代它的是洛克菲勒·安德魯斯公司，我就此搭上

了成為億萬富翁的特快列車。能忍人所不能忍之忤，才能為人所不能為之事。

　　在任何時候衝動都是我們最大的敵人。如果忍耐能化解不該發生的衝突，這樣的忍耐永遠是值得的；但是，如果頑固地一意孤行，非但不能化解危機，還會帶來更大的災難。

在這一方面，安德魯斯先生似乎並不明白這個道理。

安德魯斯先生是一個沒有商業頭腦卻自以為是的人，他缺乏成為偉大商人的雄心卻有著邪惡的偏見。這種人與我發生衝突毫不奇怪。

導致我們最終分道揚鑣的那場衝突，緣於公司發放股東的紅利。那一年我們幹得不錯，賺了很多錢，可是我不想把公司賺到的錢全都讓股東們拿回家，我希望能從其中的一半收益再投入到公司的經營中去。但安德魯斯堅決反對，這個自私自利的傢伙想把賺來的錢全分了，甚至怒氣衝衝地威脅我說，他不想在公司繼續幹下去了。我不能忍受任何阻止公司強大的想法，我只能向他攤牌，請他為他持有的股票開價，他說一百萬，我說沒問題，第二天我就用一百萬買下了。

錢一到手，安德魯斯興奮極了，他自以為自己交了好運，認為他手裡持有的股票根本不值一百萬。但他沒有想到，我很快一轉手就賺了三十萬。這事傳到他那裡，他竟然罵我手段卑鄙。我不想因為區區三十萬就落得個卑鄙的名聲，就派人告訴他可以按原價收回。但懊惱中的安德魯斯拒絕了我的好意。事實上，他拒絕的是一次成為全美巨富的機會，如果他能把他價值一百萬的股票保留到今天，就會成為理所當然的千萬富翁。但為賭一時之氣，他喪失了終生再也抓不住的機會。

在這個世界上而要我們忍耐的人和事太多太多，而引誘我們感情用事的人和事也太多太多。所以，你要修煉自己管理情緒和控制感情的能力，要注意在做決策時不要受感情左右，而是完全根據需要來做決定，要永遠知道自己想要什麼。你還需要知道，在機會的世界裡，沒有太多的機會可以爭取，如果你真的想成功，你一定要掌握並保護自己的機會，更要設法搶奪別人的機會。

約翰，你要記住，要天天把忍耐放在身上，它會給你帶快樂、機會和成功。

愛你的父親

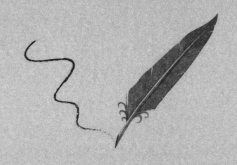

第27封
幸運之神會眷顧勇敢的人

・機運就在你的選擇之中。

・如果你有51%的時間做對了，那麼你就會變成
　英雄。

・你的行為像個贏家，你就很可能去做更多贏家
　該做的事，從而改變你的「運氣」。

親愛的約翰：

幾天前你的姐姐伊迪絲興高采烈地告訴我，她一頭栽進了幸運裡，說她手裡的股票就像百依百順聽她使喚的奴隸，正在幫她將大把大把的鈔票抱回家。

我想現在伊迪絲可能已經快樂瘋了，但我不希望她被那些錢弄得得意忘形而亂了方寸，我告訴她，小心相信運氣會把自己扔到失敗的田野上。

幾乎每一位事業有成的人都在警告世人：你不能靠運氣活著，尤其不能靠運氣來建立事業生涯。有趣的是，大部分的人對運氣深信不疑，我想他們是錯把機會當運氣了。認為沒有機會就是沒有運氣。

約翰，想一想你認識的那些幸運兒，你幾乎可以確實，他們都不是溫良恭儉讓的人，也幾乎可以非常確定，他們總是散發出自信的光輝和天下無難事的態度，甚至會顯得非常大膽。這其中潛藏著一個雞生蛋、蛋生雞的問題，幸運兒是因為幸運才表現得自信和大膽，還是他們的「運氣」是自信和大膽的結果呢？我的答案是後者。

幸運之神眷顧勇者，是我一生尊奉的格言。勝利不一定屬

於強者，高度警惕、生氣勃勃、勇敢無畏的人也會獲勝。當然，也有人相信謹慎勝過勇敢。但勇敢和大膽比謹慎更引人注目、更受歡迎，且更有吸引力，懦弱根本不能與之相比。

我從未見過不欣賞自信果決的人，每個人都是自信果決的人的支持者，期望這樣的人擔任領袖，而我們之所以受他們吸引，就在於他們有著強大的吸引力。所以，勇敢的人常常會比較成功，會較容易擔任領袖、總裁和司令官，那些迅速升職的人都屬於這樣的人。

經驗告訴我，大膽果決的人，能完成最好的交易，能吸引他人的支持，結成最有力的盟約。而那些膽小、猶豫的人卻難以撈到這樣的好處。不僅如此，大膽的方法對自己也大有裨益，有自信的人期望成功，他們會配合自己的期望，設計所有的計畫以追求成功。當然，這樣做不能保證會絕對成功，卻能自然而然地推出對成功的展望。

　　　如果你覺得自己是贏家，你的行為就會像個贏家；如果你的行為像個贏家，你就很可能去做更多贏家的事，從而改變你的「運氣」。

　　真正的勇者並非是不可一世的狂妄之徒，更不是沒有腦子的莽撞漢。勇者知道運用預測和判斷力，計畫每一步和做每一個決定，這種做法就像軍事策略家所說的那樣，會讓你力量大增，也就是擁有一種武器，能立刻形成明顯的優勢，幫你戰勝對手。這讓我想起了十幾年前，大膽決定買下萊瑪油區的事情。

　　在此之前，石油界沒有一天停止過對原油將會枯竭的恐懼，連我的助手都開始恐懼在石油上不能長期漁利，悄悄地賣掉公司的股票；而有的人甚至建議，公司應該及早退出石油業，轉行做其他更為穩定的生意，否則我們這艘大船就將永遠不能返航。作為領袖，面對悲觀送出的應該永遠是希望而不是哀歎，我告訴那些惶恐中的人們：上帝會賜予我們一切。

　　再次感覺上帝溫暖的撫摸，是人們在俄亥俄州萊瑪鎮發現了石油的時候。只是萊瑪的石油散發著用常規方法都不能去掉的臭味，深深打擊了很多人想從那裡大賺一把的信心。但我對萊瑪油田充滿信心，我可以預見到一旦我們獨佔萊瑪，我們就將具有統治石油市場的強大力量。機會來了，如果讓它悄然溜走，洛克菲勒的名字就會與豬聯繫在一起。我鄭重地告訴公司的董事們：這是千載難逢之機，我是該把錢投到萊瑪的時候

啦！非常遺憾，我的意見遭到了膽小怕事者的反對。

　　強加於人不符合我的性格，我寄希望於通過和顏悅色的討論，讓大家最終能統一到我的意見上來。

　　那是一次漫長而沒有結果的等待。我憂心忡忡，我們建起了全球規模的巨型煉油廠，它就像一個饑餓的嬰兒對母親的奶汁貪得無厭一樣，需要吃掉源源不斷的原油，但賓州的油田正在凋敝，其他幾個小油田業已開始減產，長此下去，我們只得依賴俄羅斯的原油，幾乎可以肯定，俄國人一定會利用他們對油田的控制，削弱我們的力量，甚至徹底擊敗我們，把我們趕出歐洲市場。但是，一旦我們擁有了萊瑪的石油資源，我們就會繼續做贏家。不能再等了，是我該行動的時候啦！

　　正像我所預想的那樣，在董事會上保守派依然說「不」。但我以令反對派大吃一驚的方式，降伏了他們，我說：「先生們，如果不想讓我們這艘巨輪沉下去，我們必須保證我們的原油供應。現在，蘊藏在萊瑪地下的石油正向我們招手，它將帶來令我們目眩的巨額財富。看在上帝的份上，請不要說那帶有臭味的液體沒有市場，我相信上帝賜予我們的東西都有其價值，我相信科學會掃除我們的疑慮。所以，我決定用我自己的

錢進行這項投資，並情願承擔兩年的風險。如果兩年以後成功了，公司可以把錢還給我；如果失敗了，就由我自己承擔一切損失。」

我的決心與誠意打動了我最大的反對者普拉特先生，他眼中閃動著淚光，激動地對我說：「約翰，我的心被你俘虜了，既然你認為應該這樣做，我們就一起幹吧！你能冒這個險，我也能！」一榮俱榮、一損俱損的合作精神，是我們不斷強大的精神支柱。

我們成功了。我們傾盡全力將鉅資投到了萊瑪，其回報更是巨大，我們將全美最大的原油生產基地控制在了自己的手中。而在萊瑪的成功又加劇了我們的活力，支配我們開始了在石油業前所未有的大收購。結果正像我們預想的那樣，我們成為石油領域最令人畏懼的超級艦隊，取得了不可動搖的統治地位。

約翰，態度有助於創造運氣，而機運就在你的選擇之中。如果你有 51％的時間做對了，那麼你就會變成英雄。——這是我關於幸運的最深體會。

愛你的父親

第28封
只要相信這事能做成，
就能找出解決之道

・做任何事都不可能只找到一種最好的方法。

・要找出完美想法的最佳途徑，就是要擁有許多
　想法。

・最大的成功都是留給那些擁有我能把事情做得
　更好的態度的人。

親愛的約翰：

我不贊同你的觀點，讓羅傑斯擔當獨當一面的重任。事實上，我曾為此做過努力，但結果頗令我失望。我的用人原則是，被委以重任者是能找出把事情做得更好的方法的人。但羅傑斯顯然不夠格，因為他是個思考懶惰的人。

在我有心啟用羅傑斯之前，我為考查過他，用一個問題。我說：「羅傑斯先生，你認為政府怎麼做才能在三十年內廢除所有的監獄？」他聽了顯得很困惑，懷疑自己聽錯了，一陣沉默過後，他便開始反駁我：「尊敬的洛克菲勒先生，您的意思是要把那些殺人犯、強盜以及強姦犯全部釋放嗎？您知道這樣做會有什麼後果嗎？如果真是那樣，我們就別想得到安寧了。不管怎樣，一定要有監獄。」

我希望把羅傑斯那顆鐵板一塊的腦袋砸開一道裂縫，於是我提醒他：「羅傑斯，你只說了不能廢除的理由。現在，你來試著相信可以廢除監獄。假設可以廢除，我們該如何著手？」

「這太讓我勉強了，洛克菲勒先生，我無法相信，我也很難找出廢除它的方法。」這就是羅傑斯的辦法——沒有辦法。

我想像不出，當給予他重任，當機會或危難來臨的時候，他是否會動用他所有的才智去積極應對。我不信任羅傑斯，他只會將希望變成沒有希望。

找出把事情做得更好的方法，是將任何事情做成的保證。這不需要有超人的智慧，重要的是要相信能把事情做成，要有這種信念。當我們相信某一件事不可能做到的時候，我們的大腦就會為我們找出各種做不到的理由。但是，當我們相信——真正的相信，某一件事確實可以做到，我們的大腦就會幫我們找出各種方法。

　　相信某一件事可以做成，就會為我們提供創造性的解決之道，將我們各種創造性的能力發揮出來。相反，不相信事情能夠做成功，就等於關閉了我們創造性解決問題之道的心智，不但會阻礙發揮創造性的能力，同時還將破滅我們的理想。

　　我厭惡我的手下人說「不可能」。「不可能」是失敗的用語，一旦一個人被「那是不可能的」這想法所支配，他就能生出一聯串的想法證明他想得沒錯。羅傑斯就犯了這種錯誤，他是個傳統的思考者，他的心靈都是麻木的，他的理由是：這已經實行一百年了，因此一定是個好辦法，必須維持原樣，又何必冒險去改變呢？而事實上往往只要用心去想辦得到的原因，就可以達成。「普通人」總是討厭進步。

　　我們要相信，做任何事都不可能只找到一種最好的方法，最好的方法正如創造性的心靈那樣多。沒有任何事是在冰雪中

生長的，如果我們讓傳統的想法凍結我們的心靈，新的創意就無法滋長了。

傳統的想法是創造性的計畫的頭號敵人。傳統性的想法會冰凍我們的心靈，阻礙我們發展真正需要的創造性能力。羅傑斯就犯了這樣的錯誤，他應該樂於接受各種創意，要丟棄「不可行」、「辦不到」、「沒有用」、「那很愚蠢」等思想的渣滓；他也要有實驗精神，勇於到嘗試新的東西，這樣就將擴展他的能力，為他擔負更大的責任做準備。同時，他也要主動前進，不要想：這通常是我做這件事的方式，所以在這裡我也要用這種方法，而要想：有什麼方法能比我們慣用的方法做得更好呢？

各種計畫都不可能達到絕對的完美，這意味著一切事物的改良可以無止境地進行。我深知這一點，所以我經常會再尋找一些更好和方法。我不會問自己：我能不能做得更好？我知道我一定辦得到，所以我會問：我要怎樣才能做得更好？

要找出完美想法的最佳途徑，就是擁有許多想法。我會不斷地為自己和別人設定較高的標準，不斷尋求增進效率的各種方法，以較低的成本獲得較多的報酬，以較少的精力做更多的事情。因為我知道，最大的成功都是曾經那些有我能把事情做得更好的態度的人。

發展出我能做得更好的態度，需要培養，要每天想：我今天要怎樣把工作做得更好？今天我該如何激勵員工？我還能為公司提供哪些特殊的服務呢？我該如何使工作更有效率呢？這項練習很簡單，但很管用。你可以試試看，我相信你會找到無數創造性的方法來贏得更大的成功。

我們的心態決定我們的能力。我們認為我們能做多少我們就真的能做多少。如果我們真的相信自己能做得更多，我們就能創造性地思考出各種方法。

拒絕新的挑戰都是非常愚蠢的。我們要集中心思於怎樣才可以做得更多。如此，許多富有創造性的答案都會不期而至。例如，改善目前工作的計畫，或者處理例行工作的捷徑，或者刪除無關緊要的瑣事。換句話說，那些使我們做得更多的方法多半都在這時候出現。

約翰，你可以跟羅傑斯談談，我希望他能有所改變，到時他也許就有好日子過了。

愛你的父親

第29封
結束就是另一個開始

・結束是一段路程的終點，
　也是另一個新夢想的起點。
・首先發現對方的弱點並狠命一擊的人，常常是
　勝者。
・大多數人會失敗並不是因為犯錯，而是因為沒
　有全心投入。

親愛的約翰：

安德魯‧卡內基先生（即鋼鐵大王卡內基）又接受記者的專訪，我一直弄不明白，他為什麼總喜歡在報紙上拋頭露面，我猜想他準是患了恐懼被遺忘症，惟恐人們忽視了他的存在。

但我還是比較欣賞這個常與我爭風的傢伙，因為他勤奮、雄心勃勃，像個不知疲倦的鐵漢，總將向前視為他第一、第二、第三重要的事情；也許因此，當被問及他成功的秘訣時，他才會告訴記者說——結束是另一個開始。

真難以置信，這個鐵匠怎麼會說出如此精闢的話。我相信這個僅由三個單詞組成的短句，很快就會遠播出去，或許卡內基先生也會因此得個商界哲學家的頭銜。事實上，他值得人們這樣稱道他，難道能將自己成功的一生濃縮成一個短句，不正是表現了這位商業巨人的非常智慧嗎？

不過，卡內基先生只給出了一個成功者的成功公式，卻沒有給出其中的演算過程，看來這個傢伙就是不能改變自私的本性，總怕別人窺見他成功的秘密。我倒想試著替鐵匠解讀那個公式，但你不要外傳；否則，他會因我洩密，在耶誕節時就不光送我 VISA 卡了，他一定還會送來雪茄，他知道我滴酒不沾，更知道我是個禁煙主義者，這個有趣的傢伙。

「結束是另一個開始」，在我看來，鐵匠是在試圖表明成功是一個不斷繁衍的過程，這就像一隻多產的母牛，當它生下一隻牛崽之後，馬上又懷上了另一隻牛崽如此往復，生生不息。結束是一段路程的終點，又是新夢想的起點。每一個偉大的成功者，都是用一個個小的成功把自己堆砌上去的，他們用結束歡慶夢想的實現，又用結束歡送新夢想上路，這是每一個創造了偉大成就的人的品質。

　　但是，如何開始新夢呢？卡內基先生「忘」了沒說，而這恰恰是期望能否順利衝到最後一站的關鍵，更是開始下一個新夢的關鍵。其實，答案很簡單，那就是從一開始你就要千方百計地掌握優勢。我的經驗告訴我，有三種策略能讓我擁有優勢。

　　第一個策略：一開始就要下決心，關注競爭狀況和競爭者的資源。

　　這點表示我要注意自己和別人都擁有什麼，也表示要瞭解降低機會的基本面。從事新事業時，在瞭解整個狀況之前，不應該採取初步行動，成功的第一步是瞭解達成目的所需要的資源在哪裡，數量有多少。

　　從一開始，我就設法預測可能會出現什麼機會，當它出現

的時候，我會像獅子一樣撲向它。而且我還知道，最好是好的敵人。很多人總喜歡追求最好的東西，而放棄好的東西。這樣做不是聰明的策略，因為好總是勝過不好。而現實上是，理想的機會很少送上門，卻常常有很多不盡理想，但還算好的機會雖有不足之處，卻絕對遠勝過完全沒有機會。

第二個策略：研究和檢討對手的情況，然後善用這種知識來形成自己的優勢。

瞭解對手的優點、弱點、做事的風格和性格特點，總能讓我在競爭中擁有優勢。當然，我也要知道自己是誰。我用這個策略就曾經讓那個「結束是另一個開始」的發明者卡內基先生甘拜下風。

卡內基先生是當之無愧的鋼鐵巨人，挑戰他就如同挑戰死亡。但是他的弱點卻能幫上對手的大忙，他固執己見，也許他錢包太鼓了，他總喜歡俯視、低估別人。他不把我放在眼裡，愚蠢地認為石油行業才是我的舞臺，而且他固執地認為只有愚蠢的人才會去幹採礦那一行，因為他認為礦石的價格太過低廉，而且礦石取之不盡。

所以，當我投資採礦業時，他幾乎逢人就不忘譏諷我，說我對鋼鐵業一竅不通，是全美最失敗的投資者。事實上，卡內

基是個只能看到山腰卻望不到山頂的人，他不知道價格是沒有什麼神聖的，重要的東西是價值，如果不能控制採礦業，他那些引以為豪的煉鋼廠就只能移為一堆廢鐵。

在別人不把你高看為對手的時候，就是你為未來競爭賺得最大資本的時候。所以，從一開始，我便放心大膽地全面投資。衝動勝過慎重，很快這個高傲的鐵匠就發現，那個「以最差投資者而聞名於世的人」控制了鐵礦業，成為了全美最大的鐵礦石生產商，一舉取得了支配地位，要與他分庭抗禮，他坐不住了，只能低聲下氣地向我求和。

> 在競爭中，首先發現對方的弱點並狠命一擊的人，常常是勝者。

第三個策略：你必須擁有正確的心態。

從一開始，你必須下定決心，追求勝利，這表示你必須在道德的限制下，表現得積極無情，因為這種態度直接來自殘忍無情的目標。

既然決心追求勝利，就必須全力以赴。也只有全力以赴才有輝煌的成就。在競爭開始時更應如此。說得好聽一點，這是努力取得早期的優勢，希望建立獨佔的地位，說得難聽一點，

付出努力等於讓別人減少一個機會。而與此同時，我們還要積極面勇猛，要有吞下鯨魚的膽量。我相信，天才的競爭者總是由勇士來承擔，這是千古不易的規律。

在《新約》哥林多前書裡，使徒保羅說：「如今常在的，有信、有望、有愛，這三樣其中最大的是愛。」在每一個新夢的初期，最重要的是追求勝利的決心。沒有追求勝利的態度，關注競爭狀況和瞭解對手沒有什麼作用。獲得知識、保持控制力、評價競爭狀況，正是讓你建立信心，協助你達成追求勝利最高目標的東西。

看看那些失敗的人，你就會發現，大多數人會失敗，不是因為犯錯，而是因為沒有全心投入，企業也是一樣。

約翰，別忘了卡內基先生那句即將廣為傳誦的名言，「結束是另一個開始」，當然，還有我那三個策略。

哦，我不是在營救一個不需要營救的謀略家吧。

　　　　　　　　　　　　　　　　　愛你的父親

第30封
不要讓小人扯你的後腿

- ·明智的人絕不會為命運坐下來哭泣。
- ·說你辦不到的人，都是無法成功的人。
- ·你付不起貪小失大所累積的種種額外負擔。

親愛的約翰：

我想你已經覺察到了，你的某些思想和觀念正在發生著變化，因為你的那些朋友。我當然不反對你擴大社交圈，它可以增加你的生活情趣，擴展你的生活領域，甚或幫你找到知己或幫你實現人生理想的人。但有些人顯然不值得你與他交往，比如，那些拘泥於卑微、瑣碎的人。

從我年輕的時候開始，我就拒絕同兩種人交往——

第一種人——是那些完全投降、安於現狀的人。他們深信自己條件不足，認為創造成就只是幸運兒的專利，他們沒有這個福氣。這種人願守著一個很有保障卻很平凡的職位，年復一年渾渾噩噩。他們也知道自己需要一份更有挑戰性的工作，這樣才能繼續發展與成長，但就因為有無數的阻力，使他們深信自己不適合做大事。

明智的人絕不會為命運坐下來哀號。但這種人只會哀歎命運不濟，卻從不欣賞自己，把自己看成是更有份量、更有價值的人，他們失去了使自己全力以赴的感覺，和自我鼓勵的功能，反讓消極佔據了自己的內心。

第二種人——是不能將挑戰進行到底的人。他們曾經非常嚮往成就大事，也曾替自己的工作大做準備，制訂計畫。但是過去幾十年或十幾年後，隨著工作阻力的慢慢增加，為更上層樓需要艱苦努力的時候，他們就會覺得這樣下去實在不值得，因而放棄努力，變得自暴自棄。

　　他們會自我解嘲：「我們比一般人賺得多，生活也比一般人要好，幹嘛還不知足，還要冒險呢？」其實這種人已經有了恐懼感，他們害怕失敗，害怕大家不認同，害怕發生意外，害怕失去已有的東西。他們並不滿足，卻已經投降。這種人有些很有才幹，卻因不敢重新冒險，才願意平平淡淡地度過一生。

這兩種人身上有著共同的思想毒素，極易感染他人的思想毒素，那就是「消極」。

　　我一直以為，一個人的個性與野心，目前的身分與地位，同與什麼人交往有關。經常跟消極的人來往，他自己也會變得消極；跟小人物交往過密，就會產生許多卑微的習慣。反過來說，經常受到大人物的薰陶，自會

提高自己的思想水平；經常接觸那些雄心萬丈的成功人士，也會使他養成邁向成功所需要的野心與行動。

我喜歡同那些永遠也不屈服的人做朋友。有個聰明人說得好：我要挑戰令人厭惡的逆境，因為智者告訴我，那是通往成功最明智的方向——只是這種人少之又少。

這種人絕不讓悲觀來左右一切，絕不屈從各種阻力，更不相信自己只能渾渾噩噩虛度一生。他們活著的目的就是獲得成就。這種人都很樂觀，因為他們一定要完成自己的心願。這種人很容易成為各個領域的佼佼者。他們能真正的享受人生，也真正瞭解生命的可貴與價值。他們都盼望每一個新的日子，以及跟別人之間的新接觸，因為他們把這些看成是豐富人生的歷練，因此熱烈地接受。

我相信人人都希望列入其中，因為只有這些人才能成功，也只有這些人才真正做事，並且能得到他們期盼的結果。

不幸的是，消極的人隨處可見，也使很多很多的人無法逃脫消極之牆的圍困。

在我們的周圍的人並非人人相同，有些消極保守，有些則積極進取。與我曾共事的人，有些人想混口飯吃，有些則胸懷

大志，野心勃勃，想要有更好的表現，他們也瞭解，在成為大人物前，必須先做個好的追隨者。

　　要有所成就就要避免落入各式各樣的陷阱或圈套。在任何一個地方都有人自知不行，卻硬要擋住你上進的路，阻止你更上層樓。有許多人因為力爭上游，而被人嘲笑甚至被恐嚇。還有些人非常嫉妒，看到你努力上進，力求表現，會想盡辦法來作弄你，要你難堪。

　　我們不能阻止他人成為那些無聊的消極分子，卻可以不被那些消極人士影響，降低我們的思想水平。你要讓他們自然溜過，就像水鴨背後的水一樣自然滑過。時時跟隨思想積極前進的人，跟著他們一起成長、一起進步。你確實能夠做到這一點，只要你的思想正常，一定可以辦到，而且你最好要這樣做。

　　有些消極的人心腸很好，另外還有一些消極的人，自己不知上進，還起想把別人也拖下水，他們自己沒有什麼作為，所以想使別人也一事無成。記住，約翰，說你辦不到的人，都是無法成功的人，亦即他個人的成就，頂多普普通通而已。因此這種人的意見，對你有害無益。

　　你要多加防範那些說你辦不到的人，只能把他們的警告看

成證明你一定辦得到的挑戰。你還要特別防範消極的人破壞你邁向成功的計畫，這種人隨處可見，他們似乎專門破壞別人的進步與努力。千萬要小心，要多多注意那些消極的人，千萬不要讓他們破壞你的成功計畫。不要讓那些思想消極、度量狹窄的人妨礙你的進步。那些幸災樂禍、喜歡嫉妒的人都想看你摔跤，不要給他們機會。

當你有任何困難時，明智的做法是找第一流的人物來幫你。如果向一個失敗者請教，就跟請求庸醫治療絕症一樣可笑。你的前途很重要，千萬不要從長舌婦那裡徵求意見，因為這種人一輩子都沒有出息。

你要重視你的環境。就像食物供應身體一樣，精神活動也會滋潤你的心理健康。要使你的環境為你的工作服務，而不是拖累你。不要讓那些阻力，亦即專門扯你後腿人使你萎靡不振。讓環境幫助你成功的方法是：多接近積極成功的人，少同消極的人來往。

每一件事情都要做得盡善盡美。你付不起貪小失大所累積的種種額外負擔。

　　　　　　　　　　　　　　　　　　愛你的父親

第31封
做一個目的主義者

・忠誠是甘心效命的開始。

・到達地獄的路，是由善意鋪成的。

・目的是我領導的依據，目的就是一切。

親愛的約翰：

你能掌握標準石油的核心，是你的驕傲，也是我的榮耀。然而，你需要知道，當你在享受這個榮耀的時候，無疑的，你也要肩負起與之相伴的責任。否則，你就將有愧於這個榮耀，更會辜負眾人對你的希望和信任。別忘了，你是標準石油公司的中堅，我們事業的最終成敗，已與你息息相關，你當以更高的力量與犧牲標準來要求自己。

坦率地說，你要想在那個位置上幹得出色，讓大家認同你、敬佩你，你需要學習的東西還很多。現在，你需要思考一個問題：你自己是否能成功掌握這個角色。

每一位領導都是一位希望大使，是帶領部屬安度眼前無法避免的荊棘道路上的嚮導。但不被辜負卻很難。作為領導者，無論是誰，都會面臨諸多難題，譬如，堆積如山的工作，排山倒海般滾滾而來資訊，突然發生的變故，最高管理層、投資人和客戶無止境的要求，難以調教的雇員，始終在變動的挑戰，能讓你疲於奔命，感到挫折、恐懼、焦慮和不知所措，以致破滅你要取得商業成就與個人成就的夢想。

但是，有時成為一個充滿信心與活力的卓越領導者，比成為一個活力盡失、在掙扎無助中度日的領導者更容易，前提是

他需要知道如何讓部屬甘心賣命。注意，是甘心，而不是被迫
（被命令）的。

作為標準石油公司的領袖，我既享有權威又享有愉悅，因
為我知道，找到可以保證完成任務的人，就等於為我創造了時
間，換句話說，這不僅會讓我精力充沛，更重要的是，它會讓
我有更多的時間去思考怎麼能為公司賺更多的錢。

這裡面有一個態度問題，行動受態度驅使，我們選
擇什麼樣的態度，也就決定了我們要採取什麼樣的行
為，至於結果，則很快就能見分曉。人可以經由改變自
己的態度來改變自己的人生，如果你相信能夠改變態
度，你就能夠改變人生。

聰明人總會選擇對自己最有利的態度。懂得領導藝術的
人，總會自問：怎樣的態度才能幫自己達到真正想要的結果？
是鼓舞激勵的態度？還是抱持同情的態度？他們永遠不會選擇
冷淡或敵意的態度。

如果你把自己視為高高在上、一言九鼎的專制君主，你很
可能會成為下一個法王路易十六。就我而言，我從不專橫跋
扈、製造衝突，或者給予自身過大壓力，反倒有給予部屬信

任、鼓舞士氣、達成我所期望的商業成就的習慣，這個習慣會
幫助我實現活用部屬的目的。要做到這一點，方法很簡單，那
就是要知道如何運用設定目的的力量。

　　我是一個目的主義者，我從不像有些人那樣誇大目
標的作用，卻異常重視目的的功能。在我看來，目的是
驅動我們潛能的關鍵，是主導一切的力量，它可以影響
我們的行為，激勵我們製造達到目的的手段。明確、果
斷的目的，更會讓我們專注於所選擇的方向，並盡力達
成目標。

我的經驗告訴我，一個人所達成的任務，以及他最終的表
現，與他的目的的本質與力量，息息相關，而與他為了目標所
做的事情幾乎無關。想想看，沒有一杆完成的高爾夫比賽，你
需要一洞一洞打過去，你每打出一杆的目的就是離球洞越近越
好，直到把它打進洞裡為止。

　　目的是我領導的依據，目的就是一切。我習慣於在
做任何事情之前先確立目的，而且每天我都要設定目
的，無數的目的，譬如與合夥人談話的目的，召集會議

的目的，制定計劃的目的，等等。我在做事之前也會先檢視自己設定的目的。通常在我到達公司時，我已經成功做好了萬全的準備。所以，在我心裡從未出現過諸如「我沒有辦法」、「我不管了」、「沒有希望了」等具有吞噬性的聲音。每一天確立的目的，已經抵消了這些失敗的力量。

　　如果你無法主動確立自己的目的，你就會被動或不自覺地選擇其他目的，結果很可能會讓你失去掌控全域的能力，同時你也將受制於使你分心或攪亂你的人或事件。

　　這就像將一艘遊艇自碼頭鬆開繩索，卻忘記了啟動馬達一樣。這時，你將隨波逐流，風浪、潮流或其他船隻隨時都會讓你葬身海底。也許對岸有好事等著你，但是除非奇蹟出現，否則你無法順利到達對岸。確立目的就如同開啟遊艇的引擎，能驅動你朝向所選擇的道路前進。目的可為人類的努力增添方向與力量。

　　但是，確立目的只是走到了成為目的主義者的中途，你還要走另一半路程，你需要毫無保留地向你的部屬陳述你的目

的——你個人的企圖、動機與內心的戰略計畫。對於每一位需要瞭解我所要達成目的的人，我會向他們說明我的目的。在每次會談、會議、報告中或事情開始階段，我都會先表達出我的動機、想法、以及期望。

這樣做的好處會讓你感到驚訝。它不僅能使部屬清楚你的目的，知曉正確的前進方向，最重要的是，當你勇於將目的開誠佈公之後，你將收穫情感上的忠誠。要知道忠誠是甘心效命的開始。

傑出的領導者都善於動用兩種無形的力量：信任和尊重。當你誠實地說出你的目的時，你也傳遞了這樣的資訊：「因為我對你有足夠的信任，所以我願意向你表白。」它將開啟讓人信任你的大門，而在大門外，你擁抱的不僅是部屬的能力，還有來自他們無價的忠誠——要凝聚力量來幫助你的忠誠。信賴別人並使別人也信賴我，是我一生取得成就的重要原因。

公開你的目的，更能避免無益的推論。如果你不告訴部屬你的目的，你們就會花時間猜想臆測你的目的，根據所能搜集到的蛛絲馬跡進行推測，而這些資訊都很容易受到扭曲。只有

不需要解讀你的動機時，部屬的士氣與能力才有機會獲得提升。所以，把部屬當成「傻瓜」似乎更有利。

　　目的表明的力量是無可取代的，它所傳達出的不僅是一項聲明，同時也是領導者對於個人行為勇敢堅決的誓言。出自堅決意志與絕對韌性的目的，往往能夠激勵、鼓舞部屬，使他們在以後的工作中能有更傑出的表現。

　　領導者的天職是發現問題，而解決問題要依靠部屬，如何把部屬調動起來，完成他們的職責是領導者第一考慮的要事。我認為，亮出你的目的，熱情地對待每個人，就能實現你所要的。

　　　　目的就如同鑽石：如果要它有價值，它必須是真實的。不誠懇的目的表白只會壞事。如果一個人濫用目的的力量，他只會破壞彼此間的信任，並失去別人的信賴。這就是表達目的的風險。

　　約翰，到達地獄的路，是由善意鋪成的。除非你已做好萬全的準備，否則這句話很可能成真。

　　　　　　　　　　　　　　　　　　　　愛你的父親

第32封
沒有責難、拒絕藉口

・責難是摧毀領導力的頭號敵人。

・自責是一種最陰險狡猾的責難陷阱。

・自己越強大，別人的影響力就會越小。

親愛的約翰：

如果我說一直不甘示弱、總以為自己是世界第一富豪的安德魯・卡內基先生來拜訪我，並向我討教了一個非常嚴肅的問題，你會不會感到驚訝？事實上，那位偉大的鐵匠就是這麼做的。

兩天前，卡內基先生來到我們的基奎特。或許是我笑容可掬的態度，和我們輕鬆的談話氣氛，熔化了卡內基先生鋼鐵般的自尊，讓他放下架子問我：

「約翰，我知道，你領導著一群很能幹的人。不過，我不認為他們的才幹不可匹敵，但令我疑惑的是，他們似乎無堅不摧，總能輕鬆擊敗你們的競爭對手。我想知道，你施了什麼魔法，讓他們有那種精神的，難道是金錢的力量？」

我告訴他，金錢的力量當然不可低估，但責任的力量更是巨大。有時，行動並非源於想法，而是源自攬起責任。標準石油公司的人都有負責精神，都知道「我的責任是什麼？我做什麼可以把事情做得更好？」但我從不高談闊論責任或義務，我只是通過我的領導方式來創造具有責任感的企業。

我以為這個話題到此就應該結束了，但我的回答顯然挑動了卡內基先生的好奇心，他很認真地追問我：「約翰，那你能

告訴我——你是怎麼幹的嗎？」

　　看著卡內基先生謙遜的神態，我無法拒絕，我必須如實相告。

　　我告訴他，如果我們想要永續生存，那麼我們的領導方式就意味著斷然拒絕為了任何理由，去責難任何一個人或任何一件事。責難就如同一片沼澤，一旦失足跌落進去，你便失去了立足點和前進的方向，你會變得動彈不得，陷入憎恨和挫折的困境之中。結果只有一個：失去手下的尊重與支持。一旦落到這步田地，那你就好比是一個將王冠拱手讓給他人的國王，無法再主宰一切。

　　我知道責難是摧毀領導力的頭號敵人，我還知道在這個世界上沒有常勝將軍，不管是誰都將遭遇挫折和失敗。所以，當問題出現時，我不會感到憤恨不滿，我只是在想：怎麼能讓情勢好轉起來？採取什麼行動可以補救或是修復我們的失誤？積極地選擇朝向更高的生產力和滿意度前進。

　　當然，我不會放過我自己。當壞事降臨在我們身上時，我會先停下來問自己一個問題：「我的職責是什麼？」回歸原點，借著對自身角色進行完全坦誠的評估，可以避免空窺探他

人做了什麼，或是要求其他人改變什麼，等等無意義的行為。
事實上，只有將焦點專注在自己身上，我才能將無意中拱手讓
出的王冠重新收回。

　　但是，分析「我的職責是什麼」並不意味著自責。自責是
一種最陰險狡猾的責難陷阱，諸如「那真是一個愚蠢的錯
誤！」等自我責難，只會使我陷入與其他任何責難相同的忿恨
與不滿的圈套之中。事實上，「我的職責是什麼」是一種具有
強大分析力和自我肯定的步驟，當我知道，真正的問題不是他
們應該要做什麼，而是我應該要做什麼時，我不會自怨自艾，
而只會讓自己更強大。自己越強大，別人的影響力就會越小，
看來這不是件壞事。

　　　　如果我能將每一個阻礙視為瞭解自己的一個機會，
　　　而非斤斤計較他人對我做了什麼，那麼我就能在領導危
　　　機的高牆外找到出路。

　　當然，我從不把自己視為救世主，也沒有救世主的心態。
我自問：我在哪些方面應為自己負責？也自問：在哪些方面，
部屬們要為我負責？領導者的工作不是全知全能、全權負責。
如果我視自己為英勇的正義使者，準備去拯救這個世界，那就

只會讓自己陷入領導危機之中。我的責任中，很大一部分是讓其他人也為自己該負的責任負責。如果一個雇員對於事關自己切身利益的事情都不在乎的話，我不相信這樣的雇員能對出色完成工作有強烈的渴望，那他就應該離開，為別人去服務了。

　　感覺責任在肩的那種壓力能讓人不自覺的興奮起來。沒有一件事像個人的責任感一樣，可激發並強化做事的能力，而將重責大任託付部屬讓他瞭解我對他充分信任，無疑是對他最大的幫助。所以，我不會將部屬必須並且能夠負擔的責任攬在自己身上。

　　我不只光靠示範作用來營造公司負責的氛圍與風氣，我的部屬都知道我的基本原則：在標準石油公司——沒有責難、拒絕藉口！

　　這是我堅持的理念，每一個人都知道。我不會因為他們犯錯而懲罰他們，但是我決不能容忍不負責任的行為存在。我們的信念就是要徹底奉行。我們的箴言是支持、鼓勵和尊重將被全心接受與加倍頌揚。只會一味找藉口而不提供解決方法，在標準石油公司是無法容忍的。

　　我們很少犯任何錯誤，因為我的大門隨時為部屬敞開著，他們可以提出高見，或是純粹的發牢騷，但是要用一個負責任的方式。這樣的結果會讓我們彼此信任，因為我們瞭解所有的

事都需要攤在陽光下來討論。

　　卡內基先生是位優秀的老學生，他沒有讓我浪費時間，他在我結束這個話題時說：「在抱怨聲中，優秀的雇員也會變成烏合之眾！」他真是一個非常聰明的人。

　　約翰，幾乎所有的人都有推委找藉口真正責任的防禦心理，以致推委責任的現象處處可見。但它貽害無窮。避免防禦的方法就是開始傾聽。

　　領導者最大的挑戰在於，要如何創造出一個能讓人們覺得開誠佈公會比隱藏實情來得舒適的環境。主動邀請其他人陳述他們的想法，用一些諸如「再多說一點」，或是「我真的想聽聽你的意見」的話語來鼓勵他們說出自己的想法。和一般人所相信的剛好相反，在對話中，聆聽者才是擁有權力的人，而非陳述者。

　　難以置信吧？想想看，陳述者的語調、焦點還有內容，事實上都取決於你傾聽的方式。試想，和一個面露敵意且肢體呈現侵略性姿態的人，以及一個對你表示全神貫注的人說話時，兩者之間的差異。當你單純地聆聽其他人說話時，你卸下了你的防衛。你會得到這些好處：你對有攻擊性或憤怒的語言的背

後隱含的議題，會有著更透徹的瞭解。你可以得到更多的資訊，而這些資訊可以改變你對整個事件來龍去脈的假設。你會有更多的時間來整理思緒。

陳述者會感覺你重視他們的觀點。最令人興奮的是，當你專注地傾聽之後，原來的陳述者也會更願意聆聽你的意見。

真實的傾聽是不具任何防禦性的。即使你不喜歡這個資訊，你也應該傾聽瞭解，而非立即做出回應。專注地傾聽不太像是一種技巧，它比較像是一種態度。滑雪的人在遭遇障礙時的每一秒鐘，都投注百分之百的注意力，絕對不會分神去思考過一會兒他要對夥伴說什麼。同樣地，作為一名積極的傾聽者，你貢獻百分之百的注意力給另外一個人，不會出現想到什麼就脫口而出的情況。如此一來，你去除了先入為主的觀念，並敞開胸襟開創一段更有意義和更有效果的對話。

長久以來，我們塑造了生活、也塑造了自己。這個過程將會持續下去，我們最終都將為自己的選擇而負責。就如「目的」決定你的方向，沒有責難將築出一條實現目標的大道。

　　　　　　　　　　　　　　　　　　　　　　愛你的父親

第33封
善用每個人的智慧

・不以自己的好惡為選拔人才的標準。

・忠於自己將使自己贏得人生中最偉大的一場戰役。

・最能創造價值的人，就是那種能徹底投身於自己最喜歡的活動的人。

親愛的約翰：

你的來信，非常令我興奮，因為你讀懂了我總能助我成就事業的做事哲學：做你喜歡做的事，而其他的事，就交由喜歡做這件事的人去做。

對我來說，做喜愛的事是一項不容質疑的定論。它時刻都會提醒我，要帶著手下出色完成任務，決不可只是依賴某些管理技巧，而是要採用一種更為宏觀、更有效率的領導方式。

具體而言：就是不讓手下拘泥在刻板、制式的工作職務上，而是想辦法利用每個人的長處，並誘發他們將熱情傾注於工作之中，來成就出絕佳的生產力——這就是我的致勝之道。

我在讀書時，就記得這樣一句話：「最完美的人，就是那徹底投身於自己最擅長的活動的人。」後來，經我改造，將其變為我管理上的一個理念：「最能創造價值的人，就是那種能徹底投身於自己最喜歡的活動的人。」

我說過，每個人都有忠於自己的天性，都渴望成為自己想要成為的人，而他們實現忠誠自己的方式就是做自己喜歡做的事，遺憾的是，很多管理者並不善待雇員忠於自己的訴求，結果事倍功半。

其實這很好理解，如果你不將時間投入到你喜愛的
事情上，你就絕不可能感到自我滿足；如果你得不到自
我滿足，你就將失去生活的熱情；如果你失去生活的熱
情，你就將失去生活的動力。指望一個失去工作動力的
人去出色完成工作任務，就像指望一個停擺的鬧鐘去準
確報時一樣，可笑之極。

所以，我時刻不忘給予手下忠於自己的機會——燃燒他們
的熱情，讓他們的特別才幹發揮到極致，而我自己從中收穫
的，恰恰是財富與成就。忠於自己將使自己贏得人生中最偉大
的一場戰役，誰會放過這樣的機會呢？

你要想成功利用手下的熱情，你必須知道領導者的職責，
不是要挖掘手下的弱點，而是要關注手下的優點與才幹，並讓
這些優勢充分發揮出來。我沒有挑部屬最脆弱的特質的習慣，
卻總要找尋他們最堅強的部分，讓他們的才幹充分展現在工作
的挑戰與需求上。例如，我重用阿奇博爾德先生。

與有些人不同，我不以自己的好惡為先選拔人才的標準，
我用人並不會看他身上貼著什麼標籤，我看中的是他在工作中
展示出來的能力。我喜歡自己的這種標準，因為我更喜歡辦事
的效率。

　　阿奇博爾德絕非完美的人，他嗜酒如命，而我卻是個禁酒主義者。但是，阿奇博爾德卻有著非凡的領導才華和天賦，他頭腦機敏、樂觀幽默，而他出眾的口才和大膽好鬥的性格，無疑更是在激烈競爭中獲勝的保證，所以在由對手變為合夥人之後，我一直對他興趣濃厚，我不斷委他以重任，直至提拔他接替我的職務。

　　他已經證明了自己是一名天才的領導者，他的職業生涯是那樣特殊。如果他沒有不好習慣的影響，他的成績將更加耀人。

　　　我的目的是要在每位手下身上找出我所重視的價值，而不是那些我所不樂見的缺點。我找出每個員工值得重視和部分，並致力於將員工的優點轉化成出色的才能，而不會試圖修正他們的缺點。所以，我總是擁有健全能力、樂意奉獻的部屬。

　　約翰，沒有人是無所不能的，現在你是一位管理者，你的成就依賴於你領導能力的發揮，依賴於你手下做事才能的發揮。你需要知道，你的手下可挑剔的地方不勝枚舉，但是你要專注於發掘每個人潛在的優點，注意他們在每個細節上的傑出

表現，以及他們為了將事情做得出色，而對完美主義近乎苛求的堅持。這是你領導力的優勢所在。

　　一個人不能主宰一個集體。我不否認領導者的巨大作用，但就整體而言取勝靠的是集體。我所取得的任何榮譽所依靠的都是集體的力量，而絕非我個人。也只有眾人都付出努力，才能相信並期待奇蹟的出現。

　　祝你好運！我的兒子。

愛你的父親

第34封
永遠要做策略性的思考

・我們要勇於在別無選擇中，毅然殺出一條生
　路。
・單純操弄手段的計畫者，只配給策略性的思考
　者提鞋子。
・要找出完美構思的最佳途徑，就是必須有許多
　想法。

親愛的約翰：

漢密爾頓醫生又發福了，看來高爾夫運動無法抑止他的腰圍向外擴張，他只能借助其他運動方式來減少脂肪了。不幸的是，能防止他增重的運動還沒被發明，他很痛苦。不過，他倒總能為我們帶來快樂，用他腦子裡各種稀奇古怪的故事。

今天，漢密爾頓醫生用一個漁夫與垂釣者的故事，又娛樂了我們。或許是看到我們大家都捧腹大笑，醫生顯得很得意，他笑著關我：「洛克菲勒先生，您是想做漁夫哪，還是想做垂釣者？」

我告訴他，如果我做了垂釣者，或許我就沒有資格同諸位打高爾夫了，因為我靠有效的行為策略來創造商業利益，而垂釣者的行為方式不能保證我成功。

當然，沒有一個垂釣者會愚蠢到只知丟下魚餌而不事先思考、計畫、決定：要釣哪種魚，用什麼樣的餌料，需要將魚線拋到哪裡，而後才坐等大魚上鉤。就形式而言，他們沒做錯什麼，但結果是否如願卻沒人知道。

也許花上一段時間他們會釣到魚，也許他們一條魚都釣不到，而那條他們理想中的魚，也許永遠不會上鉤。因為他們太執著於自己的方式，儘管他們很清楚自己的目標，但他們的方式卻限制了成功的可能——除了那條魚線所及之處，他們捕魚

的範圍等於零。但是，如果能像漁夫那樣，張網捕魚，就將擴大捕魚範圍，而豐富的魚量會讓他們有許多的選擇機會，並最終捕獲到他們想要的魚。

我告訴漢密爾頓先生和我的球友們，我不是刻板固執、按部就班、以簡單方式來解決問題的垂釣者，我是能夠創造多種選擇、直至挑選出最能創造商業利益的魚的漁夫。他們都笑了，說我洩露了賺錢的秘密。

約翰，不論你做什麼，要找出完美構思的最佳途徑，就是必須擁有許多想法。在做出最完美的決定之前，我會致力於尋找具有創意與功效的各種可能性選擇，考量多種可能性方案，並積極嘗試各種選擇，然後才將重點放在最好的選擇上。

這就是我總能捕到我想要的大魚的原因。當然，在執行計畫的過程中，我也會保持開放策略，順應時勢，不斷地進行調整或修正我的計畫；所以，即使計畫進展並不順利，我都不會驚慌失措，卻總能沉著應對。

很多人都認為我有著非凡的能力，是一位充滿效率與行動能力的領導者。如果真是這樣，我想你也可以獲得這樣的讚譽，只是你需要克制找尋簡單、單向解決方案的衝動，樂於嘗

試能達成目標的各種可能性辦法，擁有在困難面前付諸行動的耐心、勇氣和膽略，以及不達目的決不收手的執著精神。

單純操弄手段的計畫者，只配給策略性思考者提鞋。作為總裁，我只為部屬設立清楚明確的方向或策略，但不會將自我局限於過分僵化的行動計畫中。相反地，我會持續探索能夠實現策略的各種可能性。

許多人都堅持認為，成功的關鍵在於扎實的策略計畫，而這項計畫必須由具體、可衡量、可達成以及實際的行動目標作為後盾。我承認這樣做很重要，但它有致命的缺陷。計畫強調的是判斷的標準與預設的成果，人們所採行的也是認為可達成目標的固定方法。由於這些方案依據的是預期能達成目標的已知方法，因此我們在開始行動之前，其實已經局限了範圍。

儘管在我們提筆擬定計劃之際，該計畫看起來似乎天衣無縫，但是局勢在計畫定稿之前情況可能已經轉變了，也就是說，不僅市場的狀況早已改變，客戶改變，就連所能支持計畫的資源也已改變。這也難怪這些成本高昂，又耗時費力的策略，僅有極少的部分能真正被執行。

要如何因應這種狀況呢？不論我們是為公司或是單一部門擬定計劃，我們都必須確認自己所擬定的是策略，而非手段。

策略的本質是彈性的、長遠的、多面向的、大格局的。它們強
調的是如何成長或擴大利潤這類的成果，而不是某個可衡量的
目標。同時策略所提供的是一個大方向，而非達到成功的惟一
方式。

　　要成為傑出的領導者，我們必須讓自己成為一位策略性的
思考者，而不僅是手段的設計者。我們還得避免將自己局限於
既定的實施政策的流程中，我們的座右銘雖是專注，但是具有
彈性空間。我們著重於探索的過程，在每一天的分分秒秒中，
我們都能開創有助於達成長遠目標的可能方向。

　　我們不會固守三種、五種方式來達成遠端目標，而是在無
時無刻都能發掘獲取利潤的機會──不論是在與對手交談，或
與部屬進行腦力激蕩的會議中。

　　為了遠離危機風暴，我們必須不斷地擬定新的策略，同時
調整舊有的計畫。在因應每天商業環境改變的同時，我們也必
須依據情勢的變化來修正長遠的進程。這樣在短期內我們不但
能維持彈性的作風，同時從長期來看，我們對一個能符合最新
經濟環境的彈性理想目標，也有了清楚的概念。我們可將陳腐
的策略計畫束之高閣，並且精力充沛、滿懷希望地在朝氣蓬勃

的環境中步調一致地向前邁進。

　　要做一名希望主義者。無論情況看起來或是實際上
有多糟糕，請擦亮眼睛找出其中蘊含的無限希望——永
遠不要放棄尋找，因為希望永遠存在。

　　我相信所有的領導者都負有提供希望的義務，而且不但要
替自己，同時也要為雇員指引出一條康莊大道。回想一下生命
中你感到最沒有希望的那段時日，那很可能是因為你覺得自己
已經走投無路，或者相信自己沒有任何其他選擇，你被困住、
被放棄、找不到出路。

　　克服絕望的方式只有一種，那就是持續創造出各種
可能性以跨越障礙。簡單地說，希望源自於相信有其他
選擇的存在。

　　傑出的領導者具備能夠應付特定商業狀況的腹案、創造新
市場的機動計劃、因應危機的錦囊妙計，以及為自己與員工發
展事業的藍圖。當局勢似乎跌到谷底而無可挽回時，他們就像
驍勇善戰的摔跤手一樣，即使被對手壓制在地難以脫身，他們

也永遠不會放棄能夠翻身的任何機會。

　　憑藉著他們的才能、靈活的身段，以及隨機應變的智慧，他們巧妙地找到空隙並逃脫險境。他們在別無選擇的劣勢下，硬是殺出一條生路。

　　如果能在一開始就勇於發揮創意，就能夠避免無止境的疲於奔命、挫折與痛苦。

　　事情看來已到了絕望的地步時，如果我們依然抱持著無窮的希望，我們就能超越我自己所設定的界線，且能提供給部屬新的選擇。所以，我們要勇於在別無選擇之中，毅然殺出一條生路。

　　　　　　　　　　　　　　　　　　　　　愛你的父親

第35封
將部屬放在第一位

・始終把為我賣命的雇員擺在第一位。

・一味索求而不願付出，終會面臨耗竭的一天。

・給予人們應得的尊重，他們就能徹底地發揮潛
　能。

親愛的約翰：

想像一下這樣的場面：一位交響樂團的指揮，準備讓買票進場的觀眾欣賞一場高水準的演出，但是他卻在正式演出時，轉身去面向觀眾，而留下音樂家們獨自奮戰、辛苦演奏，結果會怎麼樣？

是的！這注定是一場最糟糕的音樂會。因為指揮沒把音樂家放在眼裡，後者就會用消極怠惰來「感謝」他，並搞砸一切。

每個雇主就像是一位樂團的指揮，他做夢都想激勵、調動起所有雇員的力量，使之盡可能多地做出貢獻，幫助他演奏出賺錢的華麗樂章，讓他賺到更多、更多的錢。然而，對許多雇主而言，這註定是一場難以實現的夢，因為他們就像那位愚蠢的指揮，忘了善待雇員，以致輕鬆地關閉了雇員們情願付出的大門。

同他們一樣，我期望所有的雇員都能像忠實的僕人那樣，全心全意為我做出更多的貢獻，但是，我比他們聰明許多，我非但不會無視雇員的存在，反會認真看待他們，準確地說，在我的腦子裡始終把為我賣命的雇員擺在第一位。

真心而言，我沒有理由不善待那些用雙手讓我錢袋兒鼓起

來的雇員，我沒有理由不去感激他們為我做出的努力與犧牲，更何況我們這個世界本該就應充滿溫情。

　　我愛我的雇員，我從不高聲斥責、侮辱謾罵他們，也不會像某些富人那樣在他們面前盛氣凌人、不可一世，我給予雇員的是溫情、平等與寬容。所有這些合成一個詞就叫『尊重』。尊重別人是滿足我們道德感的需要，但我發現它還是激發雇員努力工作的有效工具，標準石油公司的每個雇員都為公司竭盡全力工作的事實讓我堅信：給予人們應得的尊重，他們就能將潛能徹底發揮。

　　人性最基本的一面，就是渴望獲得慷慨。我本人勤儉自持，卻從沒忘了要慷慨相助他人。記得那次經濟大蕭條時，我曾數次借債來幫助那些走投無路的朋友，讓他們的工廠和家人平安度過了危機。而在我的記憶中我從無催債和逼債的記錄，因為我知道心地寬容的價值。

　　至於對雇員，我同樣慷慨、體恤，我不但發給他們比任何一家石油公司都要高的薪金，還讓他們享受保證他們老有所終的退休金制度，我還給予他們每年約見老板要求為自己加薪的機會。我不否認付出慷慨的功利作用，但我更知道我的慷慨將換來雇員生活水準的提升，而這恰恰是我的職責之一，我希望

每一個為我做事的人都因我而富有。

　　雇主就是雇員的守護神，雇員的問題就是我的問題，我握有選擇權，我可以選擇忽略他們的需求，也可以選擇滿足他們的需求，但我喜歡選擇後者。我總試圖了解雇員需要什麼，接著就想辦法滿足他們的需求。我不斷詢問他們兩個問題：「你需要什麼？」和「我可以幫上什麼忙嗎？」我隨時都在旁邊關心他們。對我來說，這個職務最大的樂趣之一，就是我能對雇員提供一臂之力。

　　薪水和獎金相當誘人，可對一些人來說，金錢並不能引發他們效命的動機，但給予重視卻能達到這個目的。在我看來，每個人都渴望被認為有價值、受到重視、贏得他人的尊重，每個人的脖子上都掛著一幅無形的標誌，上頭寫著：重視我！

　　我無法想像一個人在工作或在家庭中不被重視的痛苦，我的目的是要讓每個人在工作時都能如沐春風。所以，我就像個要偵查出破案線索的偵探，不停地搜索每個雇員對他自己感到自豪的才能。當我瞭解他們認為自己最值得重視的才能後，我就會給予他們重任。一個善於激勵雇員做出最大貢獻的雇主，時刻不應忘記提，要讓雇員看到追隨或效忠你是有希望和前途的，而給予重視、委以重任其實也是能讓雇員有動機在工作上

打拼的關鍵。

　　做和善、溫暖、體貼的雇主，可以使雇員精力充沛，士氣高昂。但對雇員時常表示謝意，似乎也很有作用。沒有一位雇員會記得五年前得到的獎金，但是有許多人對雇主的溢美之詞，會永遠銘記在心，我會不吝表達心中的感激之情。沒有一件事的影響力，比及時而直接的感謝來得更為深遠。

　　我喜歡在部屬桌上留一張便條紙，上頭寫著我的感謝詞。對於我花一兩分鐘信手寫來的感激之語，可能早已不復記憶。但是我的感激之意卻會產生鼓舞人心的影響，經過多少年後，他們還都能記得我這個慈愛的領導者留給他們的溫暖鼓勵，並視其為一個珍貴的箴言。這就是一則簡單的感謝聲明，能夠展現強大力量的另一個明證。

　　我絕對會認真看待我的部屬，以及他們在工作或個人方面的問題。我瞭解每個人能付出的畢竟有限，因此當我盡力為部屬解決問題的同時，相對地，他們就可以做出更多的貢獻。

　　約翰，現在你已經是位領導者，你的成就來自於你的能力，也來自於雇員們能力的發揮，我相信你該知道怎麼做。

愛你的父親

第36封
財富是一種責任

・巨大的財富，也是巨大的責任。

・只有傻瓜才會因為有錢而自命不凡。

・絕不能給任何有私心的人一點點好處。

親愛的約翰：

非常高興，一場險些釀成國難的金融危機終於過去了！

現在，我想我們那位合眾國總統西奧多・羅斯福先生（即老羅斯福），可以到路易斯安納繼續心安理得地打獵了，儘管他在這場危機中表現得令人吃驚的無能。當然，總統先生並非什麼都沒有做，他用「擔憂」支持了華爾街。上帝呀！我們納稅人真是瞎了眼，竟然把這麼一位紐約混混兒送進了白宮。

坦率地說，一提到西奧多・羅斯福的名字，和他對標準石油公司所做的一切，就令我憤慨。他是我見到的最狹隘、最富有報復心的小人。是的，這個小人得逞了，用他手中的大權，成為了由他自己策動的一場不公平競賽的勝者，讓聯邦法院開出了那張美國歷史上前所未有的巨額罰單，並下令解散我們的公司。看看這個卑鄙的人都對我們做了什麼！

然而，我相信，他所謂的懲戒終歸不會得逞，反倒會使他感到大為懊喪，因為我相信我們所有的公司不是垃圾，我們有傑出的管理隊伍、有充足的資金，我們可以抵禦任何風險與打擊，我們的財富將因它們健康的肌體滾滾而來。等著瞧吧！我們會有暗自竊喜的時候。

但是，我們的確受到了傷害，受到了極不公正的對待。希歐多爾指責我們是擁有巨富的惡人，那位法官大人侮辱我們是

臭名昭著的竊賊，好像我們的財富是密謀掠奪來的。錯！那些愚蠢的傢伙毫不知悉大企業是如何建立起來的，他也不想知道。我們每一分錢都滲透著我們的智慧，我們每前進一步都付出了承重的汗水，我們事業大廈的基石由我們生命奠基。但他們不想聽，卻要像偏執狂一樣，只相信他們自己低能的判斷，帶有侮辱性的貶低我們的經商才能，更無視是我們用最廉價、最優質的煤油照亮了美國的事實。

我知道，西奧多手中的長劍一定將揮舞到大有斬獲為止，因為他拒絕了我們和解的建議。但我無所畏懼，因為我問心無愧，而最壞的結果只不過是他用他手中的強權拆散我們輝煌而快樂的大家庭而已，但快樂不會停止，輝煌也不會落地。建立在現實基礎上的未來將證明這一切。

毫無疑問，我們正在經受著前所未有的迫害，來自羅斯福政府的迫害。但是，我們不能感情用事，不能用憤怒壓制良知，當危機來臨時我們永遠不能袖手旁觀，那會讓我們感到恥辱和良心不安，我們應該挺身而出。因為我們是合眾國的公民，我們有使國家和同胞免於災難的職責。而作為富人，我知道，巨大的財富也是巨大的責任，我肩負著造福人類的使命。

這次金融危機席捲華爾街，處於恐慌之中的存款人排起長

隊要從銀行取走存款，出現擠兌，一場將導致美國經濟再次進入大蕭條的危機來臨的時候，我預感到國家已陷入雙重危機：政府缺乏資金，民眾缺乏信心。此時此刻，「錢袋先生」必須要為此做些什麼，我打電話給斯通先生，請美聯社引用我的話，告訴美國民眾：我們的國家從不缺少信用，金融界的有識之士更以信用為生命，如果有必要，我情願拿出一半的證券來幫助國家維持信用。請相信我，金融地震不會發生。

感謝上帝，危機已經過去，華爾街已經走出困境。

而我為這一刻的到來，做了我該做事情，就像《華爾街日報》評論的那樣，「洛克菲勒先生用他和聲音和巨額資金幫助了華爾街。」只是，有一點永遠都不會讓他們知道，在克服這次恐慌中，我是從自己錢袋裡拿錢最多的人，這令我非常自豪。

當然，華爾街能成功度過此次信用危機，摩根先生可謂功勳卓著，他是這場戰爭不折不扣的指揮官，他將一群商界名士聚集起來共同應對了危機，用他不可替代的金融才能和果決的個性拯救了華爾街。所以我說，美國人民應該感謝他，華爾街的人應該感謝他，西奧多·羅斯福更應該感謝他，因為摩根替他做了本該他做卻因無能而沒做的事。

如今，很多人，當然還有報紙，都對慷慨解囊的人們大加讚譽，但在我這裡它一文不值。良心的平靜才是惟一可靠的報酬，國難當頭，我們本該當仁不讓、勇於承擔。我想那些真誠伸出援手的人們同我一樣，我們只是想用自己的力量、信仰與忠誠照耀我們的祖國。

　　但我並非沒有可恥的記錄。在四十六年前，當許許多多的美國青年聽從祖國召喚，忠誠奔赴前線，為解放黑奴、維護聯邦統一而戰的時候，同樣作為青年，我卻以公司剛剛開業、我的家人要靠它活著為由，未去參戰。

　　這似乎是一個讓人心安理得的理由，但那時國家需要我的，需要我們流血。這件事一直讓我的良心不安，直到十幾年前那場經濟危機的到來，我才得有救贖的機會。當時，聯邦政府無力保證黃金儲備，華盛頓轉而向摩根先生求助，但摩根無能為力，是我拿出鉅資助政府一臂之力才平息了那場金融恐慌。這讓我非常高興，比賺多少錢都令我高興。

　　但我未將自己視為拯救者，更未自命不凡，只有傻瓜才會因為有錢而自命不凡，因為我是公民。我知道，我擁有巨大財富，我也因它而承擔著巨大的公共責任，比擁有巨大財富更崇高的是，按照祖國的需要為祖國服務。

　　約翰，我們是有錢，但在任何時候，我們都不該肆意花錢，我們的錢只用在給人類創造價值的地方，而絕不能給任何有私心的人一點點好處。當然，我們也絕不再給共和黨人捐款助選，那個西奧多·羅斯福已經把我們害苦了。

　　名譽和美德是心靈的裝飾，如果沒有她，即使肉體再美，也不應該認為美。

愛你的父親

第37封
讓你的心靈更加豐盈

‧即使你要出賣心靈，也要賣給自己。

‧讓我們學會既聰明又謙遜，既謙遜又聰明。

‧偉大的書籍就是偉大的智慧樹——偉大的心靈
　之樹。

親愛的約翰：

就像我們身體上的食欲一樣，我們也需要精神上的食糧。但許多人卻常以沒有時間為藉口，總在使他們的心靈忍饑挨餓，也只在意外或偶然的情況下才充實它一下，卻總忘了滿足他們精神上的消費。

也許我的看法有些悲觀，我們正處於無限制滿足肚子卻在忽視脖子以上需求的時代。事實上，你經常聽到有人說：漏吃一頓午餐是件大事，卻聽不到：你最後一次滿足心靈饑渴是在什麼時候的聲音，難道我們每個人都是精神富足者嗎？顯然不是。

在我們這個世界上，精神饑渴的人隨處可見，那些生活在沮喪、消極、失敗、憂鬱中的人，他們都迫切需要精神的滋養和靈感的召喚，但他們幾乎全都排斥再充實他們的心靈，任由心靈黯淡無光。

如果空虛的頭腦能像空虛的肚子一樣，要填滿一些東西就能讓主人滿足的話，那該有多好。可惜，沒有這麼便宜的事情，反要接受心靈空虛的懲罰。

心靈是我們每個人真正的家園，我們是好是壞都取決於她的撫育。因為進入這個家園的每一件東西都有一

種效用，都會有所創造，為你的未來做準備，或者會有所毀滅，降低你未來可能的生命成就。

每一個達到高峰或快達到高峰的一流人物都是積極的，他們所以積極，是因為他們定期地以良好、清潔、有力、積極的精神思想充實心靈。就像食物成為身體的營養一般，他們不忘每天的精神糧食。他們知道如果能充實脖子以上的部分，就永遠不愁填飽脖子以下的肚子，甚至不必憂愁老年的財務問題。

一個人必須找到自己的家，才不至於去流浪或淪為乞丐。首要的，即使你要出賣心靈，也要賣給自己。我們要接納自己。我們必須清楚，人是以上帝自己的心意創造的，其地位僅次於天使。上帝不會設下有關年齡、教育、性別、胖瘦、膚色、高矮或其他任何表面上的限制，上帝也沒有時間創造沒用的人，更不會忽略每個人。其次我們要有積極的態度。

兩年前，卡爾・榮格先生與我不期而遇時，這位心理學家給我講過一個故事——

　　有一個人被洪水困住了，他只得爬到屋頂上避難。鄰居中有人漂浮過來說道：「約翰，這次大水真是可怕，難道不是嗎？」

　　約翰回答道：「不，它並不怎麼壞。」

　　鄰居聽了有點吃驚，就反駁說：「你怎麼說不怎麼壞？瞧！你的雞舍已經被沖走了。」

　　約翰笑了笑，說：「是的，我知道，但是六個月以前我已經開始養鴨了，現在它們都在附近游泳。每一件事情都還好。」

　　「但是，約翰，這次的水毀了你的莊稼，」鄰居堅持說。

　　約翰則是回答說：「不，並不。我種的莊稼因為缺水而受損，就在上周，還有人告訴我，我的土地需要更多的水，所以這下就解決了。」

　　那位悲觀的鄰居，再次對滿臉微笑的約翰說：「但是你看，約翰，大水還在上漲。就要漲到你的窗戶上了。」

　　樂觀的約翰笑得更開心了，說道：「我希望如此，這些窗戶實在太髒，需要清洗一下呢！」

這聽起來像個玩笑。但顯然這是一種境界──決定以積極的態度來應對這個紛繁複雜、順逆起伏的世界。一旦達成這種境界，即使遇到消極的情況，我們也能使心靈自動的做出積極的反應。為達到這種境界，我們只有充實、潔淨我們的心靈。

　　每個人都能改變或被改變。榮格先生說，只要改變一個人的詞彙，就能建立他的收入、他的享受，並改善他的生活，乃至改變他的人生。例如「恨」字，要把它從你的字彙中除去，不要想它，而是以寫、感覺與夢想「愛」字來代替它。顯然，移去與取代的文字，幾乎是永無止境的，但心靈卻會在移取中變得更加純淨、積極。

　　我們的心靈是以供應她的事物而行動。我相信，放進心靈中的事物對我的未來非常重要。所以問題顯然是：我們要怎樣餵養我們的心靈──找什麼時間去補充精神食糧。

　　你是否聽到過伐木者的產量會下降，只因為他沒有抽出時間來磨利他和斧頭？我們花錢，以及很多時間，去修飾頭腦的外表，刮鬍鬚、理頭髮，我們有沒有必要花同樣的時間和金錢，來化妝頭腦的內部呢？當然有，而且可以做到。

　　事實上，精神食糧隨處可得，例如書籍。經由偉大的心靈撞擊而寫成的書籍，沒有一本不是洗滌並充實我們心靈的食糧，它們早已一勞永逸地為後人指明了方向，而我們可以其中任意挑選我們想要的。偉大的書籍就偉大的智慧樹，偉大的心靈之樹，我們將在其中得以重塑。讓我們學會既聰明又謙遜，既謙遜又聰明吧。

　　當然，我們不能讀那些文字商人的書，他們的書有如瘟疫，散佈無恥的邪念、訛誤的消息和自負的愚蠢，他們的書只配捧在那些淺薄、庸俗的人的手裡。我們需要的是能給我們帶來行動的信心與力量，能夠將我們的人生推到另一個新高度，和引導我們行善的書。例如《全力以赴》。

　　它是一部激蕩我們靈魂、激發我們生命熱情的偉大著作，我相信美國人民都將因它的問世而受惠，並因此以最積極和方式運用自身的力量，抵達夢想的生命之境。我甚至相信，誰錯過讀它的機會，誰就很可能錯過偉大的人生。我希望我的子孫都能去讀這本書，它能為所有的人開啟幸福快樂之門。

　　引領人們爬向高峰的動力，是一種定期滋潤與強調而日趨旺盛的驅動力。那些擁有成功人生的人，無疑的都能體認到，高峰有很多空間，但是沒有足夠的空間供人坐下停留。他們瞭

解，心靈像身體一樣，必須定期給予營養才行，身體、心理與
精神方面的營養，都要分別照顧到。

　　約翰，沒有誰可以阻擋我們回家的路，除非我們不想回
來。讓心靈之光照耀我們前進的路。

愛你的父親

第38封
人人都能成為大人物

・我們要做世上的鹽，完全獻身給世人。

・人沒有什麼了不起，但沒有什麼比人更了不起的了。

親愛的約翰：

在《馬太福音》中記有一句聖言：「你們是世上的鹽。」

這個比喻平凡而又發人深省。鹽食之有味，又能潔物、防腐。基督想以此教誨他的門徒們應該肩負怎樣的使命和發揮怎樣的影響，他們到世上來就是要淨化、美化他們所在的世界，他們要讓這個世界免於腐敗，並給予世人更新鮮、更健康的生活氣息。

鹽的首要責任是有鹽味，鹽的鹽味象徵著高尚、有力、真正虔誠的宗教生活。那麼，我們應該用我們的財富、原則和信仰到做什麼呢？無疑，我們要做世上的鹽，去積極地服務社會，使世人得福。這是我們每個也是最後一個社會責任。

我們現在的責任，就是完全獻身於周圍世界和眾人，專心致志於我們的給予藝術藝術。我想沒有比這個更偉大的了。

談到偉大，我想起了一篇偉大的演講詞，那是我一生中不多見的偉大的演講詞。它告訴我，人沒有什麼了不起，但沒有什麼比人更了不起的了，這要看你為你的同胞和國家做了什麼。

現在，我就把這篇偉大的演講詞抄錄給你，希望它能對你大有裨益——

女士們，先生們：

今天我很榮幸能在這裡會晤一些大人物。儘管你們會說這個城市沒有什麼大人物，大人物都出身在倫敦、舊金山、羅馬或其他大城市，就是不會出自本地，他們都來自這個城市以外的地方，如果是這樣，你們就大錯特錯了。事實上，是我們這裡的大人物和其他城市一樣多。在座的聽眾裡面就有許多大人物，有男也有女。

現在，請允許我大膽放言，在判斷一個人是不是大人物時，我們常常犯的最大錯誤就是，我們總是認為大人物都有一間寬敞的辦公室。但是，我要告訴你們，這個世界根本不知道什麼樣的人是世上最偉大的人物。

那麼，誰才是世界上的偉大人物呢？年輕人或許會急於提出這樣的問題。我告訴你們，大人物不一定就是在高樓大廈裡設有辦公室的人，人之所以偉大是在於他本身的價值，與他獲得的職位無關，誰能說一個靠吃糧食才能生存的君王比一個辛勤耕作的農夫更偉大呢？不過，請不要責備那些位居某種公職便以為自己將成為大人物的年輕人。

現在，我想請問在座的各位，你們有誰打算做個偉大的人物？

　　那個戴西部牛仔帽的小夥子，你說你總有一天要成為這人城市的大人物。真的嗎？你打算在什麼時候實現這個心願哪？

　　你說在發生另一場戰爭的時候，你會在槍林彈雨中衝鋒陷陣，從旗杆上扯下敵人的旗幟，你將在胸前掛滿勳章，凱旋歸國，擔任政府褒獎給你的公職，你將成為大人物！

　　不，不！不會的，年輕人，你這樣做並不是真正的偉大，但我們不應該責備你的想法，因為你在上學時就受到了這樣的教導，那些擔任官職的人都曾經英勇地參戰過。

　　我記得，美國的西班牙戰爭剛結束時，我們這個城市有過一次和平大遊行。人們告訴我，流行隊伍走上布洛大街時，有輛四輪馬車在我家大門口停下來，坐在馬車上的是霍普森先生，所有人都把帽子拋向天空，揮舞著手帕，大聲地叫：「霍普森萬歲！」如果我當時在場，也會這樣叫喊，因為他應該獲得這份偉大的榮譽。

　　但是，假設明天我到大學講壇上問大家：「小夥子們，是誰擊沉了梅里馬克號？」如果他們回答：「是霍

普森。」那麼他們的回答是八分之七的謊言，因為擊沉
梅里馬克號的總共有八個人，另外七個人因為職位的關
係，一直暴露在西班牙人的炮火攻擊之下，而霍普森先
生身為指揮官，很可能置身於炮火之外。

　　我的朋友們，今晚在座的聽眾都是知識份子，但我
敢說，你們當中沒有一個人能說得出與霍普森先生在一
起戰鬥的那七個人是誰。

　　我們為什麼要用這種方式來教授歷史呢？我們必須
教導學生，不管一個人的職位多麼低微，只要善盡職
責，美國人民頒給他的榮耀，應該和頒給一個國王一樣
多。一般人教導孩子的方式都是這樣的，她的小兒子
問：「媽媽，那棟高高的建築物是什麼？」

　　「那是格蘭特將軍的墳墓。」

　　「格蘭特將軍是什麼人？」

　　「他是平定叛亂的人。」

　　歷史怎麼可以這麼教授呢？各位想一想，如果我們
只有一名格蘭特將軍，戰爭打得贏嗎？哦，不會的。那
麼為什麼要在哈德遜河上造一座墳墓哪？那不是因為格
蘭特將軍本人是個偉大人物，墳墓之所以建在那裡是因

為他是代表人物，代表了二十萬名為國損軀的英勇將士，而其中許多人和格蘭特將軍一樣偉大。這就是那座美麗的墳墓聳立在哈德遜河岸邊的真正原因。

我記得一件事，可以用來說明這種情況，這也是我今晚所能想到的惟一一個例子。這件事令我很慚愧，無法將其忘掉。我現在把眼睛閉上，回溯到一八六三年，我可以看到位於伯克郡山的老家，看到牛市上擠滿了人，還有當地的教堂和市政廳也都擠滿了人。

我聽到樂隊的演奏聲，看到國旗在飛揚，手帕在迎風招展。我對當天的情景記憶猶新。人群是來迎接一連士兵的，而那連士兵也正在列隊前來。他們在內戰中服完一期兵役，又要再延長一期，現在正受到家鄉父老的歡迎。我當時只是個年輕小夥子，但我是那個連的連長。在那一天，我洋洋得意，像個吹足了氣的氣球——只要一根細細的針，就可以將我紮破。我走在隊伍前列，我比世上任何一個人都驕傲。

我們列隊走入市政廳，他們安排我的士兵坐在大廳中央，我則在前排就坐，接著鎮上的官員列隊從擁擠的人群中走出來，他們走到臺上，圍成半圓形坐下，市長

隨後在那個半圓形的位子中央坐不來。他是個老人，頭
髮灰白，以前從未擔任過公職。他認為，既然他擔任公
職，他就是一個偉大的人物。當他站起來的時候，他首
先調整了一下他那副很有份量的眼鏡，然後以無比威嚴
的架勢環視台下的民眾。突然，他的目光落在我的身
上，接著這個好心的老人走向我，邀請我上臺和那些鎮
上的官員坐在一起。

　　邀請我上臺！在我從軍之前，沒有一個市府官員注
意到我。我坐在台前，讓我的佩劍垂在地板上。我雙手
抱胸，等待接受歡迎，覺得自己就像是拿破崙五世！驕
傲總在毀滅與失敗之前出現。

　　這時市長代表民眾發表演說，歡迎我們這批凱旋歸
來的軍人，他從口袋裡拿出演講稿，小心翼翼地在講桌
上攤開，然後又調整了一下眼鏡。他先從講壇後面退了
幾步，然後再走向前。他一定很用心地研究過演講稿，
因為他採取了演說家的姿態，將身體重心放在左腳，右
腳輕輕向前移，兩肩往後縮，然後張開嘴，以四十五度
的角度伸出手。

　　「各位親愛的市民，」他開口說：「我們很高興歡

迎這些英勇參戰的……不畏流血的……戰士回到他們的
故鄉。我們尤其高興，在今天看到跟我們在一起的，還
有一位年輕的英雄（指的就是我）……這位年輕的英
雄，在想像中，我們曾經看到他率領部隊與敵人進行殊
死搏擊。我們看到他那把閃亮的佩劍……在陽光下發出
耀眼的光芒，他對著他的部隊大叫，『衝鋒』！」

　　上帝呀！這位好心的老頭子對戰爭一無所知。只要
他懂一點戰爭，就會知道一個事實：步兵軍官在危險關
頭跑到部屬前面是極大的錯誤。我竟然拿著在陽光下閃
閃發光的指揮刀，對部下大喊：衝鋒！我從來沒有這樣
做過。

　　你們想一想，我會跑到最前面，被前面的敵人和後
面己方部隊夾擊嗎？軍官是不應該跑到那地方去的。在
實際的戰鬥中，軍官的位置就在士兵身後。因為是是參
謀，所以當叛軍從樹林中衝出，從四面八方向我方攻來
時，我總是要騎著馬對我方軍隊一路叫喊：「軍官退
後！軍官退後！」然後，每個軍官都會退到戰鬥區後
面，而且軍階愈高的人退得愈遠。這不是因為他沒有勇
氣，而是因為作戰的規則就是這樣。如果將軍跑到前

線，而且被打死了，這仗也就必輸無疑，因為整個作戰
計畫都在他的腦子裡，他必須處在絕對安全的地方。

　　我居然會拿著「那把在陽光下閃閃發光的佩
劍……」啊！那天坐在市政大廳的士兵當中，有人曾以
死來保護我這名半大不小的軍官，有人背著我橫渡極深
的河流。還有些人並不在場，因為他們為國捐軀了。
　　講演的人也曾提到他們，但他們並未受到注意。是
的，真正為國捐軀的人卻沒有受到注意，我卻被說成當
時的英雄了。
　　我為什麼被當作英雄？很簡單，因為那位演講者也
掉進同樣愚蠢的陷阱。這個年輕人是軍官，其他的人只
是士兵。我從這裡得到了一個終生難忘的教訓。
　　一個人之所以偉大，並不是因為他擁有某種官銜。
他之所以偉大，是因為他以些微的工具創下大業，以默
默無聞的平民身份完成了人生目標。這才是真正的偉
大。

　　一個人只要能向大眾提供寬敞的街道、舒適的住
宅、優雅的學校、莊嚴的教堂、真誠的訓誡、真心的幸

福，只要他能得到當地居民的感謝，無論他到哪裡，都是偉大的。但如果他不被當地居民所感謝，那麼不管他到地球的哪個角落，都不會是個偉大的人物。

我希望在座的各位，都知道，我們是在有意義的行動中活著，而不是歲月；我們是在感覺中活著，而不是電話按鍵上的數字；我們是在思想中活著，而不是在空氣中；我們應該在正確的目標下，以心臟的跳動來計算時間的腳步！

如果你忘記我今晚所說的話；
請不要忘記我下面的話——

思考最多、感覺最高貴、行為也最正當的人，生活也會過得最充實！

愛你的父親

國家圖書館出版品預行編目資料

〔菁英版〕洛克菲勒38封信受用一生／約翰‧
D‧洛克菲勒著；初版 -- 新北市：新潮社文
化事業有限公司，2024.04
　　面；　公分
　　ISBN　978-986-316-899-7（平裝）
1.CST：成功法　2.CST：自我實現

177.2　　　　　　　　　　　　　　113001088

〔菁英版〕洛克菲勒 38 封信受用一生

約翰‧D‧洛克菲勒著

林郁主編

【策　　劃】林郁
【制　　作】天蠍座文創
【出　　版】新潮社文化事業有限公司
　　　　　　電話：(02) 8666-5711
　　　　　　傳真：(02) 8666-5833
　　　　　　E-mail：service@xcsbook.com.tw

【總經銷】創智文化有限公司
　　　　　新北市土城區忠承路 89 號 6F（永寧科技園區）
　　　　　電話：(02) 2268-3489
　　　　　傳真：(02) 2269-6560

印前作業　菩薩蠻電腦科技有限公司
　　　　　東豪印刷事業有限公司
　　　　　福霖印刷企業有限公司

初　　版　2024 年 05 月